MYNAVI BUNKO

夢をかなえる「引き寄せの法則」

宮崎哲也 著

マイナビ

●注意

(1) 本書は著者が独自に調査した結果を出版したものです。

(2) 本文中の人名、著者名等の敬称は省略させていただきます。ご了承ください。

(3) 本書は内容について万全を期して作成いたしましたが、万一、ご不審な点や誤り、記載漏れなどお気付きの点がありましたら、出版元まで書面にてご連絡ください。

(4) 本書の全部または一部について、出版元から文書による承諾を得ずに複製することは禁じられています。

(5) 商標
本書に記載されている会社名、商品名などは一般に各社の商標または登録商標です。

夢をかなえる「引き寄せの法則」目次

Chapter 1「引き寄せの法則」ってなに?

Chapter 2 「引き寄せ」の手順とコツを知っておこう!

Chapter 3 「引き寄せの法則」を使えばこんなことができる!

Chapter 4「引き寄せ力」UPのための秘訣はこれだ！

Chapter 5 「引き寄せの法則」の注意事項（わな）はこれだ！

Chapter 1

「引き寄せの法則」ってなに？

「引き寄せの法則」とは、あなたの心（思い）が磁石のように現実を引き寄せるという法則です。古今東西を問わず、成功者と言われている人々は、この法則を、意識する・しないに関わらず、大いに活用してきました。ただし、「引き寄せの法則」は、特殊な人だけに与えられたものではなく、誰もが活用できる法則なのです。

そこで、本章では、夢をかなえる「引き寄せの法則」の基本的な意味について紹介しましょう。

1-1 心は、運命を引き寄せる磁石だった！

「人は自分が意識を向けた対象を引き寄せている」

「すべての人は、みな、自分で、自分の運命を引き寄せている」

「心で強く思ったことは、そのとおりに現実化する」と言ったら、あなたは信じますか？


こう言うと、読者の皆さんからこんな声が聞こえてきそうです。

「別にこの会社に、すごく入りたかったわけじゃないよ」

「じゃあ、いまの貧乏生活を自分で引き寄せたっていうの？」

「えーっ？　大好きな人にふられたのに？」


そうですよね。そんな気持ちはよ～くわかります。

でも、引き寄せの法則によれば、それらすべてのことをあなたの心が引き寄せたことになるのです。

――お金、住まい、体型、衣装、宝石類、車、友人、恋人、配偶者、学校、教師、職場、同僚、上司・部下、運命、境遇……。すべてはあなたの心(思い)が磁石のように引き寄せている――

このような心の法則こそが、**「引き寄せの法則」**と呼ばれるものです。

現状に不満を抱いている人は心(思い)のあり方に問題をかかえているからで、逆にそれを是正すれば、それにふさわしい現実(物、事、人、環境、境遇等)を引き寄せることができるというのが、引き寄せの法則の要諦です。

信じられないのも無理はありません。大体、心がすべてを引き寄せているなんていう話は、およそ常識ある人間には信じられないのが当然です。というか、むしろオカルト的な話ほど、簡単に信じないほうが無難です。下手をすると、ヘンな壺や印鑑なんかを高額で買わされたりしますからね(笑)。

でも、**この話が真実だったら、どうでしょうか。**

引き寄せの法則をうまく使いさえすれば、リッチな生活も、そして理想の恋人もすべて手に入れることができるとしたら。もちろん、高価な壺や印鑑などを買う必要もなく、この上なく有益で、しかも無害。

だったら、これを利用しない手はありませんよね！

多くの成功者が実践する「引き寄せの法則」

本書で紹介する引き寄せの法則は、決してオカルト的な戯言ではありません。

実際、多くの成功哲学に関するベストセラーの著者がそれを真実として論じています。ナポレオン・ヒル氏、ウェイン・W・ダイアー氏、ジョセフ・マーフィー氏、ジェームズ・アレン氏、ノーマン・ピール氏、ホセ・シルバ氏……、と枚挙にいとまがありません。

日本でも、京セラという世界的な優良企業を創業し、ケータイの「ａｕ」の

基礎をつくった稲盛和夫氏、健康食品分野で成功し、長年長者番付の上位に君臨する斉藤一人氏、経営コンサルティング業界において日本で初めて上場企業を一から築いた船井幸雄氏（船井総研会長）といった、そうそうたる面々が程度の差こそあれ、みな引き寄せの法則の信奉者なのです。

人生やビジネスの成功について、長年、研究と研鑽を続けてこられたこれらの人たちが、根底部分では同じことを言っています。あなたの思いや心の中でイメージしていることが、良いことでも悪いことでも、現実に引き寄せられるのだ、と。

ちなみに筆者自身、「引き寄せの法則」のささやかな体現者でもあります。筆者は、学生時代からナポレオン・ヒルやジョセフ・マーフィの著書を読んで、引き寄せのワークを実践してきました。

そのときの筆者の引き寄せたい将来像は、「高等教育機関の教育・研究者となり、多くの本を出版したり、講演等をこなしながら、社会的影響力のある人材になって、物心ともに充実した人生を送る」というものでした。

　筆者は今、大学教授の「はしくれ」であり、多数の本を出版し、年数回の講演をこなす立場になりました。社会的影響力こそまだまだですが、気が付けば、そのときから描き続けた現実をほぼ引き寄せていることになります。

「なんだ、その程度のことを引き寄せたって…」とか、「それは、その方向に向かって努力したからでしょ！」という声も聞こえてきそうですね。

　しかし、引き寄せのワークの実践がある程度自分が描いた形で実を結んだという事実を否定することはできないでしょうし、「その方向に向かってそれなりに努力を継続できたこと」自体が引き寄せのワークの賜物だと言えるのではないでしょうか？

　いずれにしても、引き寄せの法則の基本コンセプトは、至ってシンプルです。思いやイメージの心に占める割合が大きければ大きいほど、そして強ければ強いほど、心の持つ磁石としての引き寄せ力が強くなるのです。

ただし、引き寄せの法則をうまく利用するには、ちょっとしたテクニックが必要です。**本書では効果的な「引き寄せテク」を惜しげもなく紹介しますから、楽しみにしていてくださいね。**

さぁ、今日からあなたも効果的な「引き寄せテク」を身に付け、実践し、輝かしい未来を手に入れましょう！

1-2 引き寄せの法則は、物理的な法則？

引き寄せの法則は、自然の法則の一種と言われています。心に関することだからと言って、決してあいまいなものではないのです。

自然の法則の中には、物理的な法則もあります。

例えば、「万有引力の法則」もその一つ。

ご承知のとおり、地球には引力が働いていますね。だから、熟れたりんごは木から落ちるんですよね。

同じく、人間が一〇階建のビルから飛び降りれば、どうなるでしょうか？

善人でも悪人でも、老若男女を問わず、その人は地面に叩きつけられて、ほぼ確実に死亡するでしょう。この人は心がきれいだから死なないとか、可愛いからダメージが少ない、なんてことは一切ありませんよね。

「引き寄せの法則」もそれと同じように冷厳な法則だと考えられているのです。

つまり、ある一定の条件がそろえば、一定の事態が確実に生じるし、条件が同じならば、反復しても例外なく同じ結果が得られるというわけです。

この法則に従えば、ものすごく良い思いばかりを描いている人が、悪いことばかりを引き寄せる、ということはありません。逆に、めちゃくちゃ低俗な思いばかりを描いている人が、高貴なものを引き寄せる、ということもありえないのです。

いずれにせよ、引き寄せの法則は、物理的な法則と同じように良いことも悪いことも、望むことも望まないことも、その人の心の状態に応じて、注意や関心を寄せたものや、それ相応の現実（物、事、人、環境、境遇等）を引きつけるという強力な法則なのです。そして、いまこの瞬間も、あなたは自身の心のあり方にふさわしいものを引き寄せています。

この点、米国の心理学者で、その著書『スピリチュアル・ライフ』がベストセラーとなったウェイン・W・ダイアー氏は、人は無意識のうちに自分のエネルギーを散在してしまっていることが多いと指摘しています。つまり、多くの人の心の中で、自分は運が悪いからうまくいくはずがない、この話はたぶんダメになるだろうなどと、自己暗示のようにマイナスの思いが渦巻いているというわけです。

そうなってほしくないことに思考のエネルギーを注ぐことは、それ自身エネルギーの無駄遣いですが、そのことにより、悪いものを引き寄せてしまうとしたら、とっても怖いことですね。**しかし、本書を通じて、引き寄せの法則を学べば、良いものだけを引き寄せられるようになります。**

1-3 心は物にも影響する！

私たちは、心と物はまったく別種の存在と考えがちですが、実はそうではありません。なぜなら、両者とも、その根本が「波動」だからです。

私たちは机やイスのような固体の物は、人間などが動かさない限り常に静止していると思っていますよね。しかし物理学的に言えば、それは間違いです。

実は物というのは、すべてが常に動いているのです。より正確に言うと、「振動している」のです。

私たち人間を含め、世の中の万物は片時も休まず振動していることをご存じですか？

太陽や地球などの天体はもちろん、海や山や川も、テーブルもテレビも、宝石も石ころも……。

量子力学という最先端の物理学によれば、物質は原子(原子核の周りを電子が回っている)というきわめて微小な要素よりはるかに小さい「素粒子」というもので成り立っているとされています。高分解能の電子顕微鏡を用いれば、原子レベルまでの大きさのものは、実際に人間の眼で観察することができるのです。

いずれにしても、原子や素粒子は微弱ながら絶えず振動していることは確かなのです。

そして、その振動こそが「波動」と呼ばれるものです。

私たちは、「物心両面」なんて言い方をして、「物」と「心」を分けて考えていますね。物質と意識はまったく別物だと。しかし実は、人間が何かを感じたり、考えたりするときには、やはり波動を出しているのです。

もちろん、物理学的な波動と心の波動とがまったく同じものだと主張するつもりはありませんが、性質としては共通しています。**そして、物と物との波動**

が共振共鳴するのと同様に、心と心の波動は共振共鳴し、さらに物と心も相互作用する面があると考えられているのです。

例えば、テレビやラジオでいろんな番組が受信できるのは、チャンネルで周波数を合わせることができるからですね。同じく、誰かがイライラしていると、その人からはイライラの波動が出ていますので、同じ波動をもつ周りの人もイライラしてしまいます。これはテレビやラジオと同じく、心と心が共振共鳴するからです。

量子力学が明らかにする、心と物の関係

心の状態が物に影響を与えることをご存知ですか？

イライラしたり、怒ったりすると、消化器や血液という「物」に害を与えることは、もはや心身医学の常識となっています。

また、量子力学の世界的権威のデビット・ボーム氏は、「現実とは我々が信じているものである。信じているものは知覚に支えられている。知覚するものは我々が探しているものである。我々が探すものは我々が考えるものに依存している」と述べ、物と心との間に深い相互作用があることを指摘しました。**心も物も波動であることを前提とすれば、そのような相互作用があったとしても不思議ではありません。**

ところで、こうした事実は、心が同等の他の心や物・事、そして環境や境遇等を引き寄せるという、引き寄せの法則と無関係ではないことを示唆しています。心のあり方や思いがそれにふさわしい現実(物、事、人、環境、境遇等)を引き寄せるという、引き寄せの法則の科学的根拠をそのあたりに求めることも可能かもしれません。

引き寄せの法則は、現段階ではあくまでも「経験則」であり、そのメカニズムについても十分な解明がなされているとは言えません。しかし、この法則は、先ほどもお話したように、多くの成功哲学がその存在を認め、また多くの成功者がその恩恵を力説しているという、厳然たる事実を否定することはできません。

1-4 環境や境遇は、思いの産物だ！

引き寄せの法則によれば、いまのあなたがおかれている環境や直面している境遇は、あなた自身の心のあり方や思いの産物ということになります。

では、現時点でのあなたの環境や境遇、特にいまの人間関係について考えてみましょう。

「あまり良い仕事、させてもらってないよな」

「そういえば、人間関係うまくいってないな」

「上司にいつも叱られてばかりだな」

信じたくないことでしょうが、引き寄せの法則によれば、これらすべてがあなたのこれまでの心のあり方や思いの産物ということになります。

では、もしいまの職場を離れて、転職したとします。この問題は根本的に解決するでしょうか？

残念ながら、多くの場合、答えは「ノー」です。なぜなら、あなたの環境や境遇など、いま現在あなたがおかれている状況は、やはりこれまでのあなた自身の心のあり方や思いが引き寄せたものだからです。

だから、場所が変わっても、思いが変わらない限り、同じ状況を引き寄せてしまうわけです。

いまの自分の環境や境遇、そして人間関係などは、あなたの心のあり方（思いのレベル）を表している、と認識することが大事なのです。

成功哲学や自己啓発のパイオニアとして名高いイギリスの思想家、ジェームズ・アレン氏は、名著『原因と結果の法則』の中で、次のようなことを述べています。

「人間は自分の思いの主人です。よって人間は、自分の人格の制作者であり、環境の設計者なのです。私たちは、自分が望んでいるものではなく、自分と同

種のものを引き寄せます」

つまり、環境や境遇が人を作るのではなく、逆に人(の心)が環境や境遇を作っているということです。そして、何より大切なことは、自分自身が望んでいるものというより、自分の思いと同種、同等レベルのものを引き寄せているという点です。

欲しいものを単に請い願うだけでは、望むものを引き寄せられるものではありません。望むと同時に、あなたがそれを受け取るにふさわしい心(思い)を養うことも大切だというわけです。

「類は友を呼ぶ」ということわざは、このことを端的に表したものと言えるでしょう。

普通の磁石は、SはN(NはS)を引き寄せますが、心の磁石は心のあり方と同じレベルの現実(物、事、人、環境、境遇等)を引き寄せるのです。

自分のいまの環境や境遇を見れば、自分のこれまでの心のあり方がわかります。いま友達がいなくて、誰からも相手にされない孤独な境遇に陥っているならば、孤独になるような、他人を拒絶するような心のあり方になっていた、ということなのです。

しかし引き寄せの法則によれば、たとえいまはそうであっても、あなた自身の心のあり方を正すだけで、やがてあなたにとって良いと思える現実（物、事、人、環境、境遇等）を引き寄せてくれるのです。

1-5 「引き寄せの法則」は、誰もが使っている!

ここまで読んできても、皆さんの中には「自分は、引き寄せ力なんてないから、どうせ努力しても無理」なんて思っている方がいるかもしれません。

でも、先ほどもお話したように、**引き寄せの法則は、物理的な法則と同様、自然の法則で、本人が意識するしないにかかわらず、貫徹する**ものとされています。

例えば、あなたの周りにいませんか? いつも人の悪口ばかり言っている人、いつもイライラしている人、自分のエゴだけを満たそうとして他人のことはまったく配慮できない人……。

こんな人は、短期的には良いことがあったとしても、時間の経過とともに、だんだん周りの環境や境遇が悪くなっていくはずです。もちろん、当の本人は

「引き寄せの法則」なんて言葉は見たことも聞いたこともないかもしれません。それでも、**無意識のうちに悪い方向で「引き寄せの法則」を使っていることになる**のです。

その反対に、非常に運の良い人、人から好かれて大切にされている人、良いことがどんどん起っているという人もいます。

その人は、もしかしたら「引き寄せの法則」を知っていて、なるべく良い思いを抱くよう努力しているかもしれませんし、逆にまったく知らないまま、それを実践しているという可能性も、もちろんあるでしょう。

要は、**引き寄せの法則は、それを知っているか、あるいは意識しているかどうかとはまったく無関係に貫徹される法則なのです。つまり、子供でも老人でも、良い人も悪い人もみんなが使っている法則**なのです。よい使い方をすればハッピーなことがいっぱい起きるし、逆に使い方を誤れば、苦しいことばかりが襲ってくることになります。

だったら、良い使い方をマスターしない手はないですよね！

そこで、次のChapter 2では、「引き寄せの法則」を上手に使うための手順について解説しましょう！

Chapter 2

「引き寄せ」の手順とコツを知っておこう!

「引き寄せの法則」は頭で理解するだけでは、決して身に付きません。何よりも実践することではじめて、この法則の偉大なパワーを知ることができるのです。しかし、やみくもに実践してもなかなかうまくはいきません。

そこで、本章では、まず「引き寄せの法則」の中核エンジンとしての潜在意識の特徴を解説し、次いで、この法則を上手に活用するための具体的な手順とコツについて紹介します。

2-1 「引き寄せの法則」の基本知識

Chapter 1で、「引き寄せの法則」が多くの偉人によってその実在性が認識され、そしてうまく利用すれば、多大な恩恵が与えられるというお話をしました。「じゃあやってみようか」って、ちょっと思ってきましたよね。

ではこのあたりで、まず、「引き寄せの法則」を上手に活用するための手順の解説に入りたいのですが、その前に、引き寄せの法則に関する基本知識について補足しておきましょう。**何事もそうですが、何かを活用するためには、まずそれに関する基本知識が必要です。デジカメでも消火器でも、まず簡単な知識がないと扱えませんよね。それと同じです。**

ここで基本知識と呼んでいるのは、引き寄せの法則で心がそのあり方にふさわしいものを引き寄せるという際の「心」に関するものです。これまで明確にはしてきませんでしたが、実は心には二つの側面があるのです。

意識（顕在意識）と潜在意識（無意識）の二つです。

どちらも心なのですが、意識と潜在意識とでは、どちらのほうが大きいかご存知ですか？

記憶できる情報量から言って、潜在意識のほうが圧倒的に大きいと言われています。一説によると、潜在意識は、意識より二万～一〇万倍も大きいとのことです。

意識の方は、主に、いまこの瞬間の判断や、感情や思いの意識的な制御を担当していますが、潜在意識はこれまで得たすべての経験や知識を蓄積しています。どんなに意識的に思い出そうとしても思い出せないことでも、催眠術などをかけて潜在意識の扉を開くと、はるか昔の幼児の頃の思い出が蘇ったりすると言われます。

潜在意識の記憶には、言葉のような**形式知**だけではなく、イメージや自転車乗り、水泳といった**暗黙知**も当然含みます。自転車乗りや水泳などは、いったんできるようになると、途中にブランクがあったとしても、潜在意識が覚えてくれているから、数ヵ月経ってもちゃんとできてしまうものです。

また、特に命令しなくても心臓や呼吸や消化といった活動が行えるのも、潜在意識のおかげなのです。

もちろん、直接的には自律神経の働きというべきですが、深層心理学的には、その自律神経を動かしているのが潜在意識とされているのです。

意識を使いながら、「えいっ、えいっ」などと言って一回一回心臓を動かしたりしていたら、それ以外のことが何もできなくなってしまうでしょう。

だから、そのような部分は潜在意識(無意識)が担当しているわけです。

お酒の飲み過ぎで一時的に記憶を失ってしまったのに、翌朝起きたときには自宅のベッドにきちんとパジャマに着替えて寝ていた、なんていう話をときどき耳にします。

記憶がないということは、その間は（顕在）意識の支配力が低下していたということです。

しかし、人は、自分の家に帰って寝るのが習慣化されています。習慣は繰り返された短期記憶が大脳辺縁系にある海馬というところから大脳皮質に移行し、長期記憶となって潜在意識として定着しているものですから、（顕在）意識レベルが低下している状態でも、それを実行できてしまうというわけです。

意識が命令を下す司令官なら、潜在意識は実動部隊という分け方もできます。

いずれにせよ、潜在意識はその大きさから言っても、「引き寄せの中核エンジン」とも呼ぶべき存在なのです。

潜在意識の特徴

「心の中の思いは、それに相応する現実（物、事、人、環境、境遇等）を引き寄せる」というのが引き寄せの法則の要諦なのです。

しかし、**思いは意識よりも、潜在意識のほうに圧倒的に多く存在するわけですから、「引き寄せの中核エンジン」たる潜在意識のメカニズムを知ることこそが、引き寄せのメカニズムを知ること**だと言っても過言ではありません。

この点は、『眠りながら巨富を得る』などの潜在意識を通じた成功法を具体的に説いたジョセフ・マーフィー氏の一連の著書にも詳しく書かれています。

では、マーフィー氏をはじめとする多くの著名な成功哲学が説く潜在意識の主な特徴を整理しておきましょう。

「引き寄せの中核エンジン」＝潜在意識の特徴

❶信じられることだけを受け入れる（夢の大きさと実現性との関係は薄い）

❷特にリラックスした状態のときに、受け入れやすい

❸具体的にありありとイメージ化されたものは受け入れやすい（現実とイメージの区別がつかない）
❹適度に繰り返されるアファメーションや自己暗示が有効である
❺言霊の影響を受けやすい
❻潜在意識領域では主語（人物）や否定語は消去される
❼サーモスタットがついている
❽期待に大きく影響される

では、次に「引き寄せの中核エンジン」である潜在意識の特徴を踏まえて、引き寄せの具体的な手順を明らかにしましょう。

引き寄せを起こす具体的な手順

1. 引き寄せの対象を明確にする

↓

2. 実現を信じる

↓

3. リラックスした状態を作る

↓

4. 適宜、アファメーションや自己暗示を作る

↓

5. 具体的にありありとイメージする

↓

6. 期待して待つ

手順❶ 引き寄せの対象を明確にする

引き寄せを成功させるには、まず引き寄せる対象を明確にしなければなりません。

本人の意思がはっきりしない状態では、引き寄せの法則は不完全にしか機能しなくなるからです。

リッチになりたいのなら、どの程度のお金や資産を得たいのかを明確にする必要があります。また、恋人が欲しいのなら、理想とする恋人の容姿、スタイル、センス、性格、能力、年齢、話し方といったものまで、ある程度具体的にする必要があるでしょう。

ここで注意しておきたいことは、**引き寄せの対象は決して遠慮する必要はないということです。現実性があると思える範囲で極力最高のものを求めるほうがむしろ良いかもしれません。**そのほうがやる気が出ますからね。引き寄せの力の実現力は、例えば、金額の多寡などはほとんど関係ないとされています。

しかし、だからといってあまりに荒唐無稽なものではやはり困ります。先ほども示したように、「引き寄せの中核エンジン」である潜在意識の特徴として、「信じられることだけを受け入れる」というのがありますので、現時点の本心に照らしてどう考えても信じ難いことは、対象にしないほうが無難でしょう。

これは人によっても、その人の置かれている状況によっても違ってきます。

例えば、あるイケメン俳優の熱狂的ファンの人が、ご本人と結婚したいと強く思っても、実現の可能性はほぼゼロでしょう。しかし、トータルでその俳優に似た感じを持つ人と巡り合う可能性はないとは言えません。

要は、自分の置かれた状況から見て、どう考えてもあり得ないことを引き寄せようとするのではなく、「このくらいだったら、あり得るよね」と思えるものの中で最高のものを思うのがベストなのです。

手順❷ 実現を信じる

何度もお話ししているように、「引き寄せの中核エンジン」は潜在意識です。もしあなたが、**大金持ちになりたいという思いを抱いていたとしても、「金持ちになれたら、いいなぁ～」と漠然と願っているだけでは、ほとんど効果は期待できません。**

では、どうすればよいでしょうか。

先ほど、潜在意識のメカニズムの特徴の①として、信じられることだけを受け入れると述べましたが、**「引き寄せの中核エンジン」を作動させるには、願うだけではなく、その願いが「本当に叶うんだ」「現実にそうなるんだ」と「信じること」が必要なのです。**

口では「億万長者になりたい」と思っていても、「いくら願っても、どうせ、そんなことあるわけないよね」「ありえねぇよなぁ」なんて疑念を持ちながら、

「でも、願わないよりいいから、とりあえず願っとこうか」なんてやっていると、実現は夢のまた夢、ということになります。

ですから、まず、**引き寄せの法則というものは、確かにあると信じましょう。信じても、有益・無害ですし、いろんな分野で活躍している人、成功している人は、意識しているかどうかに関係なく、この引き寄せの力を利用しているの**です。

「英語の資格を取って、通訳としてグローバルに活躍する」
「ベンチャー企業を起こして、億単位のお金を動かせるようになる」
「海外で博士号(Ph.D)をとって、世界的な経営コンサルタントになる」
「タレントの○○のような彼氏(彼女)を作って幸せな家庭を築く」
「金八先生のような人情味あふれる教育者になる」
「医者になって、多くの人命を救う」

以上のようなことは、現実に引き寄せている人がたくさんいるわけですから、あなたにもできないはずはありません。引き寄せの法則は、有益・無害なのですから、積極的に信じて、後でお話しするアファメーションやイメージ化を積極的に実践しましょう。

手順❸ リラックスした状態を作る

引き寄せの対象を明確にして、それを引き寄せられると信じた後は、アファメーション（自己への肯定的な宣言）や自己暗示などを行います。これにより、引き寄せの力はぐ～んとアップします。

しかし、心身がリラックスできていないと、その効果もかなり減殺されてしまいます。**潜在意識は特にリラックスした状態（アルファ脳波の状態）のときに、思いを受け入れやすい**からです。

アファメーション等を行う前には、心身がリラックスした状態を作る必要があります。ここでは、**自律訓練法**をベースにして、リラックス状態を作り出す方法を紹介します。

自律訓練法はもっともよく知られるリラクセーション法の一つで、一九三二年にドイツの精神医学者ヨハネ・H・シュルツ教授が体系化しました。シュルツ教授は、催眠に誘導された人が、催眠後に腕や脚に重たさや温かさを報告する事実を踏まえて、その感覚を医者による催眠ではなく自己暗示で生じさせ、催眠状態に導くことを考案したのです。

自律訓練法は、自分自身で時と場所を選ばず実行できますし、慣れてくれば、ほんの数分で心身をリラックス状態に導く効果が期待できるものです。今日では、心療内科や精神科などでも疲労回復や過敏状態の沈静化、身体の痛みや精神的な苦痛の緩和、向上心の増加などの効果を狙って、セルフコントロール(自分自身で心身をコントロールすること)に用いられている方法でもあります。

では、早速やってみましょう!

体の力を抜いて、椅子かソファーに腰かけて力を抜いてください。寝転んでもOKです。椅子に座る場合は、椅子から落ちないように、脚を肩幅程度に開き、両手を軽く握りこぶしを作って膝の上に置きます。次に軽く目を閉じた状態で、以下の言語公式を繰り返し唱えます。声は出さずに心の中で繰り返します。

言語公式

背景公式「気持ちが落ち着いている」

この言葉を四～五回繰り返し、そのときの気分が落ち着いていることを確認したうえで、次の第一公式に進みます。持病を持っている場合、第三公式～第六公式のなかで避けたほうが良い公式もありますので、注意して下さい（それぞれのカッコ書きをご覧ください）。

第一公式　「右腕が重たい→左腕が重たい→両脚が重たい」
第二公式　「右腕が温かい→左腕が温かい→両脚が温かい」
第三公式　「心臓が規則正しく打っている」（心臓に疾患がある人は省略）
第四公式　「楽に息をしている」（気管支喘息などの人は省略）
第五公式　「お腹が温かい」（糖尿病の人や十二指腸潰瘍、胃炎、妊娠中の人は省略）
第六公式　「額が心地よく涼しい」（頭痛やてんかんの人は省略）

第一公式以降は、二〜三分でそれぞれの反応（重たい、温かい）が出るようになったら、次の公式へと進みます。このプロセスを経ることで、後のアファメーションやイメージ化がしやすくなり、より効果的になります。

最初はリラックス状態に入るまでに、多少時間がかかったり、うっかり眠ってしまうなんてことも少なくないのですが、慣れてくると、比較的瞬時にリラックス状態に入ることができるようになります。

手順❹ 適宜、アファメーションや自己暗示を行う

さて、ここからが「引き寄せ」ワークの本番です。自律訓練法などで心身をリラックスさせることができたら、今度は、アファメーション（ボディランゲージを含む場合はインカンテーションと呼ばれることもある）に入ります。

アファメーション(affirmation)とは、日本語で「宣言」という意味で、心理学では、自分に対して肯定的な宣言を行うことをこのように言います。

アファメーションでは、「私は、○○(な状態)です」と宣言します。これを毎日繰り返していくと、肯定的な言葉が何度も何度も自分に入ってきますので、その意識が常に頭の中に残っていきます。それが潜在意識まで浸透すると、アファメーションにあった状況が引き寄せられてくるのです。

アファメーションの手順

では早速、アファメーションの手順を紹介しましょう。

まず、自分が実現したいことや、望んでいる状況を思い描きながら、それを肯定的な言葉で表します。

例えば、貧乏から脱出したい場合は、「私は、金持ちだ」と宣言します。

このとき、「〜になります」とするのではなく、すでにその状態になっていると考えて、「〜です」「〜だ」「〜をする」など、より断定的な表現にするほうがよいでしょう。「〜になります」というと、いまはまだその状態にはなっていないという事実も含まれることになるからです。

また、望んでいる状況を示す写真などを見ながらアファメーションするのも効果的です。視覚を伴うことで、アファメーションの内容を明確にできるからです。アファメーションは心の中で唱えるだけでも効果はありますが、**紙に書**

き出したり、それを声に出して唱えたりすると、より高い効果が期待できます。

前出の、毎年、長者番付の上位にランクされている斉藤一人氏は、言葉を声に出す効果としてこんな例をあげています。

例えば、あなたが(今日はカツ丼が食べたい)と思って、定食屋に入ったとします。そこで、(カツ丼が食べたい、カツ丼、カツ丼)と心の中で念じながら、口では「親子丼下さい」って言ってみたら、どうなるでしょう？

もちろん、出てくるのは親子丼ですね。**どんなにあなたが(カツ丼食べたいなぁ)と心で強く思っていたとしても、現実に目の前に出てくるのは、声に出して注文したほうの親子丼だけ、**というわけです。店側があなたの本音を察してカツ丼を出してくれるなんてことはありません。

鏡を利用したアファメーションの手順

視覚を使うと言えば、鏡を使って行う自己暗示の方法もあります。

鏡の自分を見ているときには、実際の像を対象にしているうえ、自己に集中しやすいので、アファメーションの内容が、より潜在意識に入りやすくなるというわけです。これは中村天風という昭和の著名な思想家が提唱した方法です。

中村天風氏は心身統一法などを開発して広めた人で、多くの人に、より良く生きる知恵を説いたことでも知られています。ちなみに、松下電器(現パナソニック)の創業者である松下幸之助氏や京セラの創業者である稲盛和夫氏なども天風氏から多大な影響を受けたと言われています。

では、天風氏にならって、具体的な方法を紹介しましょう。

例えば、心配、悲しみ、恐怖、不安などがあったら、自分の顔を鏡ににっこりとした最高の笑顔を映してこう言いましょう。

「安心だ」

「楽しい」

「愉快だ」など。

　特に寝る前と朝起きたときに実行すると効果的です。単に悲しみや恐怖などを打ち消すだけでなく、これからの自分をイメージして行うこともできます。

　まず寝る前に鏡の前で、自分のなりたい姿を頭に描いて、第三者の自分が鏡の中の自分に命令する気持ちで言葉をかけます。だから、主語は「おまえ」になっています。

「おまえは、もっと元気になる！」

「おまえは、もっと豊かになる」

「逆境なんか跳ね飛ばすぞ！」

　そして、その翌朝、目覚めたら、前夜、寝る前に鏡の中の自分に呼びかけたことを自分自身が達成できた、という気持ちで、「私」を主語にして、このように言うのです。

「私は、元気になった」

「私は、豊かになった」

「逆境に強くなった」

これを日々繰り返していくわけです。天風氏も、常に机の上に鏡を置き、時々鏡を覗き込んで自己暗示をかけていたそうです。

疑念がわいてきたときどうするか

とは言っても、アファメーションや自己暗示の際、疑念がわいてくることもないとは言えません。

例えば、病気のときは、健康を引き寄せたいと思いますよね。でもそんなとき、どんなに頑張って「私は健康だ」と言ってみても、心のどこかから、「本当はそんなに健康ではないよね」「本当はまだ体調悪いよね」というような内なる声が、どうしてもわき上がってくるものです。

つまり、明らかに「自分が健康である」ことに対して「疑い」が生じているわけです。疑いは、良い引き寄せの敵ですから、退治しなければなりませんね。だからそういうときは、ポジティブであり、なおかつウソでもないという表現を用いることが大切なのです。

具体的には、「いま、健康になりつつある」とか、「健康になっている最中である」といった表現を使うのです。

「いまから健康になる」ではなく「いま現在、健康」であるという内容が含まれていることが肝要なのです。「いまから」と言ってしまうと、未来のことになりますから、現在はそうではないということになりますよね。ですから、「いま現在～しつつある」という言い方。つまり、現在進行形がベストなわけです。「現在どんどん元気になりつつある」とか「いま元気になる最中である」とか。

そういった言い方で表現すると、いまは完全に健康ではないという事実を直接否定しているわけでもないので、疑いの念が起きにくくなるのです。だから、病気だけでなく、「疑い」の念が生じやすいときには、現在進行形で表現すると良いでしょう。ぜひ覚えておきましょう。

潜在意識は主語と否定語を理解できない

ところで、アファメーションや自己暗示を行う際、あるいは祈る際に特に注意しておくべき点があります。それは主語と否定語の扱いに関係しています。先ほども述べたように、「引き寄せの中核エンジン」である潜在意識の領域では、主語（特に人物主語）と否定語は存在しません。

ですから、このような言葉は潜在意識が受けとめる内容が変換されるので、逆効果になりやすいのです（左の表を見てください）。

恐ろしい潜在意識の受けとめ方

❶あの娘が、彼にフラレますように！
❷私は大病になりません！
❸彼の乗っている飛行機が落ちませんように！
❹ボクは受験に失敗しません！
❺絶対、遅刻しませんように！
❻今回のダイエットこそリバウンドしませんように！
❼今度のスピーチではあがりませんように！
❽子供が事故にあいませんように！
❾シミがこれ以上増えませんように！
❿家庭が壊れませんように！

↓

❶彼にフラレますように！
❷大病になります！
❸彼の乗っている飛行機が落ちますように！
❹受験に失敗します！
❺絶対、遅刻しますように！
❻今回のダイエットこそリバウンドしませんように！
❼今度のスピーチではあがりますように！
❽子供が事故にあいますように！
❾シミがこれ以上増えますように！
❿家庭が壊れますように！

いかがですか、このような内容の言葉をアファメーションや自己暗示、そして祈りの際に使っていたとしたら、とんでもないことを「引き寄せの中核エンジン」である潜在意識の領域に送り込んでしまうことになりかねません。**恐ろしいことに、当初の意図**

—正しい言い方—

自分が望んでいる結果を、
肯定的な言葉を使って表現する

❶彼に**愛されます**ように！

❷ずっと**健康**です！

❸彼が**無事に到着**しますように！

❹受験に**成功します**！

❺絶対、**間に合います**ように！

❻今回のダイエットでは希望の**スタイルを維持できます**ように！

❼今度のスピーチでは**落ち着いて**話ができますように！

❽子供が**無事で健康**でありますように！

❾肌が**美しく**なりますように！

❿家庭が**円満で**ありますように！

とは真逆の言葉になって入っていくのですからね。当然、その引き寄せる内容も、真逆になる可能性があるのです。

では、どう言い換えたらよいのでしょうか。参考までに正しい言い方を右に示しておきます。

いかがですか。意外に簡単でしょ！

コツはもうおわかりですよね。**自分が真に望んでいる結果を肯定的な言葉を使って表現すればよいだけ**なのです。ところで、このような言い換えは、潜在意識領域に言葉を送る際にも有効ですが、日常の発言にも応用すべきでしょう。自分の中で生まれた言葉は、実際に口にする・しないにかかわらず、潜在意識に入る可能性があるからです。

ですから、幸せになりたいのなら、他人の幸せもいっぱい祈ってあげてください。他人の幸せを祈ることは、主語のない潜在意識の世界では、自分の幸せも祈っていることになります。お金持ちになりたかったら、大金が入った人を羨むのではなく、むしろ祝福する言葉を思い浮かべたり、口にしたりしましょう。「リッチになっておめでとう！」なんてね。

要は、**主語を度外視して、自分が真に望んでいる結果を言葉にし続ければ良いのです。そうすれば、潜在意識にその種をまくことになり、やがてその実を刈り取る日がやってくる**ことでしょう。

手順❺　具体的にありありとイメージ化する

潜在意識のメカニズム上、アファメーションや自己暗示の内容を潜在意識にまで浸透させるには、イメージ化（ビジュアライゼーション）が必要不可欠です。

世界的に著名なフランスの心理学者、エミール・クーエ氏は、「イメージは、常に意志に勝る」と語っています。

例えば、禁煙したい人が、「禁煙するぞ」と意志の力でタバコを吸わないようにしても、タバコをおいしくくゆらせてリラックスしているイメージが浮かんでくると、たいていの場合、負けてしまうのです。ダイエットしているときに、友人がおいしいスイーツの話をしたりすると、そのイメージがどんどん膨らんで、「ダイエットは明日から」などとつぶやいて、カフェに直行ということも少なくないでしょう。

心で強く思っても、**イメージしたほうに人間は動かされてしまうのですね。**

しかし逆に言えば、イメージさえきちんとできれば、意志に頼る必要も無いということになります。だったら、この法則を利用しない手はありません。早速、イメージ化の手順を紹介しましょう。

例えば「私は、お金持ちになり続けています」などと何百回、何千回、アファメーションしても、イメージが伴わなければ、潜在意識にはその内容は十分には入っていきません。

「私は、お金持ちです」とアファメーションすると同時に、自分が現実にすごくリッチになっている様子がイメージ化され、潜在意識に深く浸透してはじめて、引き寄せの力が発揮されるのです。

ですから、「いままさに、望んだこと（この場合は億万長者）が現実になり続けているのだ！」と、ひしひしと実感できるような状況を作り出す必要があるのです。

「イメージ化お助けツール」を活用しよう！

といっても、この「イメージ化」という作業は、それほど簡単ではありません。

そこで初心者にお勧めしたいのが、「イメージ化お助けツール」の利用です。「イメージ化お助けツール」とは、引き寄せたいものを具体的にイメージ化しやすいような写真や絵や文字などのことです。

例えば、望んだ状況をイメージできるような写真を目に付くところに貼ったり、手帳に入れていつも見られるようにしておくのも有効です。あるいはスクラップブックに自分のなりたい姿や状況をイメージできる写真や切り抜きを貼って、常に見るのも効果的です。クリアファイルに入れておく方法もありますよね。

もしあなたが豪邸に住みたいなら、「こんなゴージャズな家に住めるんだ」と思える写真を貼る。素敵なボーイフレンドが欲しいなら、自分が望むイメージに近い俳優さんなどの写真を手帳に入れておくのもよいでしょう。お金持ちになりたいなら、札束がたくさん写っている写真や、「一〇〇、〇〇〇、〇〇〇円」（一億円）と自分で記入した口座の通帳をコピーしてスクラップブックに貼ることも考えられます。

またイメージ化するには、具体的に考えることも必要です。例えば、お金持ちになりたいなら、ある程度自分が納得できる金額を出して考えるのもよいでしょう。

「自分は、年収一億稼ぐぞ！」とか。

数字だけでなく、感情も具体的にイメージしてみましょう。最初のうちは「イメージ化お助けツール」などを利用しながら、あなたが望む豪邸に住んでいる状態をありありとイメージして、「ああ、こんな家に住めてうれしいな！」という感情を自分の中に呼び起こすのです。

例えば、あなたは、海の近くに素敵な家を持ちたいと考えていたとします。部屋の外にはベランダがあり、近くには美しい枝ぶりの松の木、そしてその向こうには砂浜が見え、青い海が広がっています。その海をあなたは熱いコーヒーを飲みながら眺めています。心地よい波の音が聞こえ、潮の香りもしてきます。遠くにはヨットが見えて、その背景には美しい島が見えます。

そのヨットはあなたの所有物で、旦那様（奥様）がそれを操縦して、アワビをとって帰ってくる（！）とかね。そんな感じに考えてみると楽しいでしょ。

五感を伴うと効果的

このように、具体的にイメージ化するには、できるだけ五感を伴ったほうがよいのです。

抽象的なイメージだけでは、パワー不足です。だから、より五感をフルに活用できる要素を特に具体的に想像すると効果的です。

ゴージャスなイスの肌ざわり。
コーヒーの味や香り。
潮の香り。波の音。
きれいなコバルトブルーの海。
遠くに見える島々の鮮やかなグリーン。
ヨットの真っ白な帆。
心地よく頬をなでるそよ風……。そういうものを、ありありと、ありありと描くことです。

もちろん、彼（彼女）や旦那様（奥様）の屈託のない笑顔など、そのときの表情を思い浮かべるのも効果的です。

さあ、思い浮かべてください。

色、匂い、味、風景、気温、そして音……。

どんな音が聞こえますか？　鳥の鳴き声？　波の音？　風のささやき？

五感で感じ取るようなものを、一つ一つ具体的にイメージすると、潜在意識がそれを受け入れるのです。

感情はイメージ化を促進する

それから、**イメージ化するときは、期待する気持ちも大事です。**「うれしいな」「やったー」とか、**ワクワクする気持ちを伴わせるということです。感情を**

込めると、「引き寄せ力」がぐ〜んとアップします！　このことはしっかり頭に入れてくださいね。

リッチになりたいと言いながら、現状の貧乏な環境や境遇ばかりに感情的に反応していたら、むしろ、そっちの方を引き寄せることになりかねません。

ですから、この際、「いまのゲンジツ」は、ちょっとタナに上げておいて、思いっきり自分の理想の姿、状況を思い浮かべ、「あぁ、こうなってよかったぁ」という感情に浸ることをお勧めします。

「行動」もイメージ化を助ける

「行動」もイメージ化を手助けする大事な方法のひとつです。実際に行動を起こすと、「自分はやっている」という実感がわいてきます。それがイメージの明確化につながるのです。

例えば、政治家になりたい場合、まずは政党の集会などに出てみることです。単に政治家になりたいと漠然と思っているだけのときよりも、集会に出て実際の政治家の立ち居振る舞いを見たり、演説を聞いたりする方が、よりリアリティが出てくるはずです。潜在意識は、リアリティのある「これは本当だな」と感じていることを受け入れます。ということは、自分自身が行動を起こして、断片的にでもそれに関係することに触れるのは、それに一歩も二歩も近づくことになるわけです。

また、**行動のひとつに、「フリをする」というのもあります。**

エリートビジネスマンになりたかったら、エリートビジネスマンらしく振舞う。政治家になりたかったら、実際に政治家になったらどうするかということを、政治家になったつもりで人に話してみる。リッチになりたかったら、リッチになったつもりで立ち振る舞う……。

このように「フリをする」のも引き寄せにとって、かなり有効と言えるでしょう。

「容(かたち)は心を呼ぶ」という言葉があります。

例えば、茶道には大変厳格な作法があります。「一期一会」という言葉にあるような、この人とは一生に一度しか会えないという気持ちで、相手に精一杯の礼を尽くし、もてなす心は、そうした厳格な作法(かたち)の実践を通じて育まれると言われています。

ですから、**心のあり方を変えたい人は、まず、発する言葉や立ち居振る舞いを自ら理想とする方向へと変えてみることです。それをクセになるくらいに続けていると、次第に自分の心のあり方も大きく変わっていき、やがてそれにふさわしい環境や境遇が眼前に広がっていることに気づく**ことでしょう。

行動に関して、著名な心理カウンセラーの植西聰(あきら)氏は、運が悪い人は何の行動もせずに、後悔ばかりする傾向があると指摘しています。つまり、思い立ったときにすぐ行動に移さず、何の成果も生み出せないままになるというのです。そして、後でやっぱり行動しておけばよかったなどと言って悔やむわけです。ですから結局、このような人は良い引き寄せもできずに終わってしまうのでしょう。

いずれにせよ、どんなに小さなことでも結構ですので、なんでもやってみるということが大切です。そうすることで、よりイメージが強化され、そして、潜在意識に入りやすくなるのです。

イメージ化のウォーミングアップ

以上、イメージ化について説明しましたが、いきなりイメージが作りにくい場合は、まずは次のようなウォーミングアップを行ってから、自分の望む状況をイメージ化するとよいでしょう。

丸いボールをイメージします。

最初は白いボールに黄色をつける。そして赤の色をつけ、さらに青の色をつける。

イメージ化のウォーミングアップ

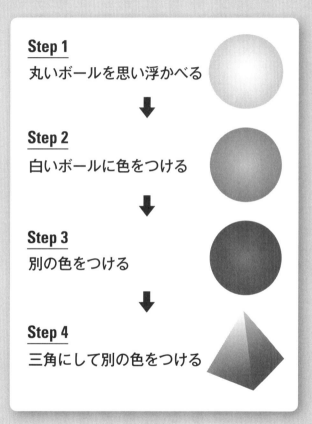

Step 1

丸いボールを思い浮かべる

↓

Step 2

白いボールに色をつける

↓

Step 3

別の色をつける

↓

Step 4

三角にして別の色をつける

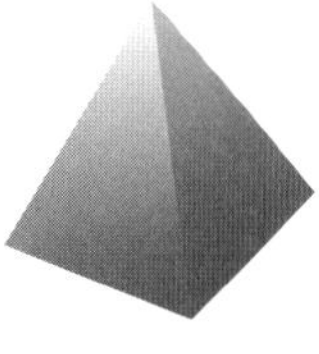

ボールのイメージから、それを今度は三角錐にして、同じように色を順につけていく。

星型にするのもＯＫです。

まず、このトレーニングを行って、慣れてきたら、だんだん自分の理想のイメージを具体化して、それに色をつけていくと効果的です。**色をつけるイメージを訓練することは非常に有効です。というのは、潜在意識は現実と思ったことしか受け入れません。現実の世界はカラーなのですから、カラーでイメージできるようになることは非常に重要な意味を持つわけ**です。

最後に一つだけ付言すると、潜在意識はリラックスした状態や、まどろんでいる状態のときに暗示やイメージを最も受け入れやすくなります。ですから、就寝前や朝目覚めてすぐのときが、暗示やイメージ化の最適なタイミングだということも覚えておきましょう。

手順❻ 期待して果報を待つ

アファメーション、自己暗示、そしてイメージ化した後は、「期待」して、その日(引き寄せの日)が来るのを待ちましょう。大事なことは、**この期待すること、つまり「こうなってうれしい」という気持ちを持つということです。「そういうことがあるんだ、うれしいな」と、ワクワクしながら、楽しみにして期待するのです。**

実は、これが一番肝心なプロセスと言えるかもしれません。

にもかかわらず、これを忘れている人が圧倒的に多いのです。

せっかくここまで頑張ったのに、「ほんとに実現するのかな」なんて疑っていると期待はできません。期待しないと、疑っている状態が続くから潜在意識は実現しようと頑張ってくれないのです。

一方、期待して、楽しみにしながら、その実現を待っていると、潜在意識も

「現実のことなんだ」と受けとめて、実現に向かおうとするのです。

「期待」は引き寄せの栄養

では、期待のメカニズムはどうなっているのでしょう。

思いが言語となり、アファメーションやイメージ化により、引き寄せたい内容がすんなりと潜在意識に入っていく。

ここまではわかりますね。**ただ、潜在意識に入っていった後、それに対する期待がないと育たないというしくみになっている**のです。

期待は恐怖と同様に、強いイメージを伴うもの。

ですから、引き寄せ力の強化につながるのです。**期待は望むものを引き寄せ、恐怖は望まないものを引き寄せる**のです。

別の視点から言うと、期待していないときの潜在意識は、畑で言うなら、痩せて、カラカラになった土のようなものです。そんな土では、植物は育ちません。つまり、期待というポジティブでわくわくとした感情が、潜在意識にまかれた種としてのイメージを強化する水や栄養となるのです。

実際の畑などで水や栄養をまったくあげなければどうなるでしょうか。雑草は育つかも知れないけど、本当に育てたいものは育たないのではないでしょうか。やはり、**すばらしいものを育てるためには期待という水分や栄養が必要な**のです。

だから、ぜひ、ワクワクと楽しみにして、「わー、うれしいな」「そういうことになるんだ、楽しみだな！」という期待をもって毎日を過ごしましょう。

前出のイギリスの思想家、ジェームズ・アレン氏は、前出の名著『原因と結果の法則』でこう述べています。

「口先だけのきれいごとやたんなる夢物語の類は、成長をことごとく阻まれますが、もっとも内奥にある真の思いや願望は、たとえそれが清らかなものであろうと、けがれたものであろうと、それ自身の食べ物をもち、それによって着々と育まれます」

つまり、悪いことが起るんだと思って、恐れを抱いたり悪いことを予想したりすれば、悪いことがぐんぐん育つような栄養を与えているというわけです。逆に期待は、良いことへの最高に栄養豊かな食べ物なのです。

良いことは「期待」して待つ。悪いことは、考えからはずす。

この姿勢がベストなのです

Chapter 3

「引き寄せの法則」を使えば こんなことができる!

「引き寄せの法則」は頭で理解するだけでは、決して身に付きません。何よりも実践することではじめて、この法則の偉大なパワーを知ることができるのです。しかし、やみくもに実践してもなかなかうまくはいきません。

　そこで、本章では、まず「引き寄せの法則」の中核エンジンとしての潜在意識の特徴を解説し、次いで、この法則を上手に活用するための具体的な手順とコツについて紹介します。

3-1 人脈がどんどん広がる！

これまで、「引き寄せの法則」の概要、および自分が望んだものを引き寄せるための具体的な手順についてお話しました。

「引き寄せの法則」というと、一般に「お金持ちになる」「良い家に住む」というように、どちらかと言えば物的なものを手に入れる手段と思われがちです。

しかしそれ以外にも、もっとたくさんのものを引き寄せることができるのです。

そこで本章では、「こんなものも引き寄せられるよ」というものをいくつか紹介したいと思います。

例えば「引き寄せの法則」で引き寄せられるもののひとつに人脈があります。

人脈は、豊かな人生を送るためには、大切で必要不可欠なものです。ビジネスにおける成功、あるいはそのほかの分野、例えば、政界や学界などで成功するにも、人脈がとても大切な役割を果たします。

特にビジネスにおいては、人脈は非常に大きな要素となります。「引き寄せの法則」をしっかり実践していると、人脈はどんどん広がっていきます。そしてビジネスの成功の可能性がさらに広がるのです。もちろん、人脈は、単なる知り合いが多いという程度のものではありません。

自分の意向を理解し、いざというとき協力を惜しまない人脈でなければ無意味なのです。

よく異業種交流会などで交換した名刺の数を人脈の数と勘違いする人がいますが、それは真の意味での人脈ではないと心得るべきでしょう。

「確かな人脈」がどんどん引き寄せられる

人脈の「引き寄せ」で面白いのは、「倍々ゲーム」で広がっていくことです。

もしあなたが、ある有力な人物Aさんを引き寄せることができたとします。その人は有力な人ですから、豊かな人脈をもっているはずです。そうすると、そのAさんを通じて、BさんとCさんを紹介してもらう、ということもあるでしょう。

すると、そのBさんとCさんがまたすごい人脈を持っていて、今度、Dさん、Eさんと知り合いになっていくうちにどんどん人脈が広がっていく、というわけです。つまり、人脈づくりに**レバレッジ**(てこ)が働くのです。

この場合、異業種交流会での名刺交換で知り合うのとは違って、信頼の連鎖から生まれるものですから、その人たちが、そのときの場面に応じて力になってくれたり、また新たにあなたが必要としている能力、あるいはシナジー(相乗)効果を生み出しうる人材に引き合わせてくれる可能性が高いのです。

人脈を引き寄せるのも、望んでいる物や事を引き寄せるのと同じ手順でOKです。

まず、引き寄せたい人物を、具体的にありありとイメージします。そして、そういう人と出会えることを期待することも大切です。「こんな人が自分の所にやって来るなぁ」と。このとき「来たらいいな」ではなく、「こんな人が現れてくれて、うれしいな」と期待するのです。

3-2 有名になれる！

「有名になりたい！」と思っている人も、「引き寄せの法則」が大変有効です。引き寄せの法則は、物を引き寄せるだけではなく、境遇を引き寄せることにも絶大な威力を発揮すると考えられています。

例えばあなたが、自分で書いた本を出版したいとします。それを引き寄せるには、例えばこんなイメージ化をすると良いでしょう。

例えば、あなたがブログを書いていて、それが本になったらいいなと思っているなら、あなたのブログが本になって、書店に平積みされ、それを自分が嬉しさいっぱいで眺めている場面などをイメージするのです。

あるいは、書き溜めていた原稿をコンクールに出したら入賞して、本格的に作家の道が開けるというイメージも有効でしょう。

サイン会で大勢の人が集まって、あなたが書いた本をもって、長い行列をつくり、あなたのサインを待っている場面をイメージするのもアリですよ。

また、さらにテレビのコメンテータとして活躍したいなら、報道番組等に出演し、コメントを述べている姿をありありとイメージして、「良かったな、うれしいな」と感謝するのも良いでしょう。

とにかく、有名になりたい人は、まず自分が有名になったところを具体的にありありとイメージしましょう。

テレビ出演のシーン、自分の名前が記載されている新聞のテレビ欄、本がどんどん売れているという記事、サイン会をしているところ、カメラマンに囲まれてコメントしている場面などです。新聞や雑誌に顔写真入りで自分に関する記事が載っていて、それを自分が読んでいる場面をイメージするのも良いでしょう。もちろん記事の内容は、自分に良い評価をしてくれるものだけを想像してくださいね。

このように、どんなことでもよいので、その分野で、自分が有名になって、そういうことをしている場面をありありとイメージします。そして、ワクワクしながら期待して待つのです。すると、思いがけないきっかけで、あなたは有名人という肩書きを引き寄せていくことになるでしょう。

3-3 最愛の人にも必ず出会える！

人間が望むことは、十人十色ですが、やはり多いのは成功や恋愛に関することだと思います。

だから、「最愛の人を引き寄せたい」と望んでいる方もかなり多いのではないでしょうか。引き寄せの法則は、人脈同様、人を引き寄せるのを特に得意としています。ですから、「引き寄せの法則」をうまく活用すれば、人脈と同様、最愛の人も引き寄せることができます。

まず、あなた自身の「最愛の人」のイメージを描いてください。その人の性格、優しいとか、気配りができるとか、知的レベルが高いなどが考えられますね。

それから容姿等もイメージしてみましょう。ルックス、背の高さ、スタイル、年齢、声の感じ、ヘアスタイル、髪の色、洋服のセンスなどです。

最愛の人に出会える最良の方法

また、最愛の人を手に入れるには、**「そのスペースを準備しておく」**ことも有効です。

例えば、あなたが素敵なボーイフレンドを手に入れたいなら、一人用のソファーではなく、二人用のソファーにするとか。素敵な家具が欲しいなら、その家具がちょうど入るだけのスペースを空けておくとか。

あの「ザ・シークレット」の映画版のメイン出演者として有名なボブ・プロクター氏は、「空白の法則」と称して、「何かを手に入れるには、その前に何かを捨てることだ」とアドバイスしています。

つまり、捨ててお気に入りのものを入れるスペースをきちんと空けておくことが有効だと言うのです。**その空いたスペースが、そのスペースを必要とする物や人を引き寄せてくれる**というわけですね。

ただし、ここでひとつ考えてみてほしいことがあります。

それは、「最愛の人」の定義です。

単に容姿が良い、一流大学を出ている、憧れの職業についているというだけでは、あなたの「最愛の人」であるとは断言できません。最も重要なことは心（魂）のレベルで最高に合っているかどうかなのです。

ですから、理想を高く持っているのなら、あなた自身の心のレベルをそれ相応に上げておくべきだということになります。**「引き寄せの法則」では、自分と同等のレベル、同種のものを引き寄せます。だから、あなたの心のレベルが上がるほど、そのレベルに合った人を引き寄せる**のです。自分の心のレベルが最高に達したとき出会える人、その人こそが、最愛の人なのです。

もちろん、最愛の人に出会うまでに、いろいろな人とお付き合いすることもあるでしょう。しかし、例えば、あなたがぐんと成長して互いのレベルがかけ離れてくれば、その人とは自然と離れていくことになるのです。

最高の幸せをつかむのに一番大事なことは、中身、つまり精神的に最もレベルが合っている人と出会うことだと思います。

身長や収入、外見などの条件面も確かに大事でしょうが、それ以上に心のレベルの方がはるかに重要であることを忘れてはなりません。自らを磨き、「引き寄せ」のワークをきちんと実践していると、そういう人に出会える確率が高くなります。

自らを磨くと言うと抽象的ですが、要は勤勉、思いやり、気配り、知的な面での研鑽、爽やかさ、明るさ、体型、食事のバランス、お化粧の仕方、スキンケア、洋服等のセンス等々を磨くことだと捉えてください。

それと同時に、**あなたにとっての「最愛の人」を具体的にありありとイメージして、ある程度アファメーションをやったら、潜在意識に任せる。そしてワクワクしながら、期待して待つ**ということが大切です。

3-4 長年の悩みが解消する！

「引き寄せの法則」は、正しく実践すれば、あなたが望んだ状態をもたらすことができます。ということは、これまでの長年の悩みを解消することもできるのです。

長年悩んでいることの原因は、「間違った思考」ですから、まずはそうした思考や考え方を根本から見直すことが大切です。自ら思考や考え方のレベルを上げていくと、そのことだけで悩みが消えていくことも多いのです。そして、「引き寄せの法則」で正しいとされることを実践すればよいのです。

例えば、後で詳しく述べますが、**ポジ語**（ポジティブな言葉）を使う習慣をつける、思いや言動をプラスの方向にする、笑顔グセや感謝グセをつける、マイナスの思いや**ネガ語**（ネガティブな言葉）等は一切排除する、優越感を追求しないなどです。

そうして、「引き寄せの法則」を利用して、心、魂のレベルを高めていきます。そうすると、あなたを悩ませている物事は自然と解消していくことでしょう。

ときどき、**悩みをすべて「人のせい」や「環境のせい」にする人がいますが、これは自分の誤りを是正する機会を自ら奪っているに等しい**わけですから、そうした考え方を続ける限り、その人の悩みは永遠に解消しません。

「すべての原因は自分にある」というところから出発しなければいけないのです。まず、周りのせいにすることはやめるべきです。

子どもが非行に走るのも、職場で冷遇されるのも、原因は自分にある。とにかく、何か望まないことが起こるということは、全面的ではないにしろ、自分にも原因がある可能性があると、まず認識すべきなのです。その原因がわかったら、素直に修正しましょう。そして、正しい引き寄せの実践を続けることです。そうすれば、どんな長年の悩みでも解消されていくことでしょう。

引き寄せのワークを実践すると若返る

以上を前提に、若さと健康を手に入れる具体的なイメージ法などを紹介しましょう。

例えば、夜寝る前に「自分の全細胞がどんどん若返っている」とイメージしながら眠りにつき、翌朝起きたときに、「今日は私の全細胞が若返っているぞ」と自己暗示するのも有効です。

もちろん、「引き寄せの法則」にもとづくワークを実践しているだけでも、大体の人が、若返ってきます。

「引き寄せの法則」にもとづくワークを実践している人は、ご機嫌力や爽やか力がついてきますから、若々しく見える人が多いのです。

前出のジェームズ・アレン氏は、著書『原因と結果の法則』で「正しく生き続けている人たちにとって、老化はとてもゆるやかで穏やかです」と述べています。正しい生き方をしている人は、ストレスや暴飲暴食もなく、良い習慣を身に付け、周囲の人々にも愛されているはずですから、肌の色艶が良く、若々しい雰囲気をかもし出すようになるのです。反対に引き寄せのワークを実践していない人やマイナスの引き寄せを行っている人は、同じ年代の人と比べて暗く老けている感じがするものです。

もちろん、エステなどに行けば、多少は若返りの効果があるかもしれません。しかし、それより重要なのは正しい考え方をもち、「引き寄せの法則」にもとづくワークを実践しているかどうかです。実践していれば、六〇歳の人なら五〇歳くらいに、あるいは五〇歳の人は四〇歳くらいに見られたりします。つまり実年齢より一〇歳くらいは若くみられることになるわけです。

Chapter 4

「引き寄せ力」UPのための秘訣はこれだ!

　これまで多くの成功哲学の本を読んでこられた人の中には、頭ではわかっているけど長続きしないという人が少なくありません。その原因は「引き寄せの法則」の中核エンジンである潜在意識の特徴と、それをうまく働かせるためのテクニックを知らないことにあります。

　そこで本章では、潜在意識をうまく働かせ、「引き寄せ力」をＵＰさせるための秘訣について、具体的に明らかにします。

4-1 プラス言動を習慣化しよう！

「引き寄せ力」をアップするには、アファメーションやイメージ化するときだけではなく、日常生活での言動も大事です。言動とは、発言や行動という意味です。

引き寄せる物事は、心（思い）全体のあり方を反映するのですから、せっかくアファメーションやイメージ化を上手にこなしていたとしても、日ごろの言動がそれに反するものであれば、良い引き寄せが起こるはずがありません。

どう考えても、暗く後ろ向きな言動ばかりしている人が、良いもの（物、事、人、環境、境遇等）を引き寄せるとは思えません。むしろ、悪いものを引き寄せるに決まっています。

一般的に、日常生活での言動は、かなり習慣（クセ）化していることが多いようです。明るい人は、大体いつも笑顔を絶やさず明るいですし、反対に暗い人は毎日がお通夜のように暗いものです。前向きな人はいつも前向きで、人の悪口を言っている人はいつも悪口ばかり言っていますよね。そして、悲観的な人は、どんなことが起きても悲観的に受けとめ、悲観的な発言や振る舞いをするものです。これらすべてが、一定の言動が習慣（クセ）化している証拠と言えるでしょう。

一例を挙げましょう。

「男運がない」の正体

長年、結婚できないことを悩んでいる女性がいました。ところが、なんと最近、その彼女にも声をかけてくれた男性が現れたのです。

普通なら、「どういう人か、いまはわからないけど、とりあえずお友達からお付き合いをはじめてみよう」と考えそうなものです。でも彼女は「どうせだまされるに決まっているから」「付き合ったって、すぐに飽きられ別れるかも」などと言って、尻込みしてしまいました。結局、声をかけてくれた男性は、彼女の優柔不断な言動をみて、自分には脈がないとあきらめたようです。その後、彼女はなんと言ったと思いますか。

「やっぱり私には、男運がないよね」でした。

マイナス言動が習慣化している人は、一事が万事この調子です。

言うまでもないことですが、マイナス言動の習慣をつけていたのでは、事態が好転することなど決して期待できません。

ところで、世間ではいまなおプラス「思考」が根強いブームです。もちろん、**筆者はプラス思考には大賛成ですが、「それがちゃんとできるなら、苦労はしないよね」という声もよ〜く理解できます。**

例えば、受験に失敗したとき、「尺取り虫は伸びる前にいったん縮むものだ」

などと言われて、「おう、そうか」と励まされ、明るくなれる人は少ないでしょう。

また、お客様からきつ～いクレームを言われて、「これによって、自分や会社が成長するからありがたいな」などと、心の底からプラスに思える人も、ごく限られているのではないでしょうか。

筆者の結論は、**プラス思考それ自体は正しいけれども、それほど容易ではないということです。しかし、プラス「言動」なら、もう少しハードルが低そうです。**

プラス思考とプラス言動の違い

プラス言動とは、お客様からきついクレームを言われた際、「これによって、自分や会社が成長するからありがたいな」と思え、というのではなく、そう口にするだけで良い、というものです。

思えないことを無理やり思えと言われるときついでしょ。それは納豆が嫌いなのに、納豆が好きと思えと言われているのと同じですよね(笑)。でも、思わなくてよいからとりあえずそう言えば良いというのであれば、できないことはないでしょう。

プラス言動とは、プラスの言葉を発したり、ポジティブ(前向き)な態度を習慣化することなどによって、プラスの波動を潜在意識に浸透させようとする技法です。**プラス言動を続けていると、不思議なことに、最初は口だけ、態度だけだったのが、習慣化していくと、いつのまにか本当にプラスの思いを伴うようになってくる**ものなのです。

朝起きて、雨が降っていたら、「また雨か、気がめいるな」と言うのではなく、「雨が降っているな、よけい元気が出るな!」と言ってみましょう。最初のうちは、本音の「気がめいる」という思いが心を支配しているでしょうが、そのうちわずかながら元気が出てくるものです。ところで、笑顔グセもプラス言動の一つです。

「笑顔共和国」で有名な福田純子氏は、笑顔の持つ無限のパワーを説いています。確かにブスっとした人より、明るい笑顔を絶やさない人の方が、はるかに多くの人を引き寄せていますし、本人も周囲も華やいでいます。その方が、幸運も舞い込んできそうです。

笑顔や笑いは健康にも良いことは医学的にも実証されています。先ほど紹介したように、笑いが血糖値の上昇を抑制する効果は実験で証明されていますし、癌の治療法でも免疫力を高める手段として笑いが取り入れられているのです。**笑顔は簡単に誰でもできるし、その割には絶大な効果があります。しかもタダです。**

ぜひ、日ごろの生活で、いまよりも笑顔でいるクセをつけてください。あなたの良い意味での引き寄せ力が格段にアップすること請け合いです。

4-2 感謝グセをつけよう！

これも、プラス言動のひとつと言えるかもしれませんが、引き寄せ力をつけるには、感謝をすることも効果的です。

人間とは不思議なもので、特に意識しなければ、自分の身の回りのマイナス面にばかり目が行く傾向にあります。

『世界がもし一〇〇人の村だったら』という書籍やウェブサイトでは、世界の人口を一〇〇人とした場合、そのうち一四人は、文字が読めず、一一人は一日二ドル未満で生活し、大学の教育を受けているのはたった七人と算定されています。

日本人の識字率は一〇〇％に近く、ほとんどの人が文字を読めます。日本で栄養失調になったという話はほとんど聞くことがありませんし、教育に関しては、大学全入時代などと言われています。これほどに私たちは恵まれた生活を送っているのです。

前に紹介した斉藤一人氏は、日本に生まれたこと自体が幸せだと述べています。

戦争もないし、そこそこ豊かな生活もできる。諸外国に比べたら、かなり安全で自由です。

私たちはこの当たり前になっている幸せを、いま一度噛みしめ、そして感謝すべきだと言えるでしょう。自己啓発のプログラムや書籍で有名なデール・カーネギー氏の著書に、ほとんど視力がなかった女性が手術で視力を取り戻したときのエピソードが記載されています。**彼女は手術で従来の四〇倍の視力を手に入れました。彼女は皿を洗うときに立つ洗剤の泡にさえ、なんて美しいのだろうと感動した**そうです。視力がある人たちはいつでも見ていることなのに、まったくそんなことは取るに足らないことだと思う人がほとんどです。しかし、

当たり前と思っている中にも、実は感謝すべきことは山のようにあるのです。まず私たちは、その事実に気づくべきでしょう。

感謝には絶大な力があります。感謝するとその人は良い波動を生み出し、感謝された相手も嬉しい気持ちになって、またそこで良い波動が生まれます。**感謝するときには気持ちをこめて、「ありがとう」「ありがとうございます」などという言葉を発します。するとそれがアファメーションの役割を果たしますし、「ありがとう」という言葉を繰り返すことによって、本当にありがたいことを引き寄せる効果も高められる**のです。

「ありがとう」の効用

かつて、ある有名俳優がテレビ番組の企画でモンゴルを訪ねたときのことです。彼は、誰かに何かをしてもらうたびにモンゴル語と日本語で「ありがと

となるのです。

感謝が強運を引き寄せる

もう一人、究極の感謝グセがついている人物がいます。

それは日米でピッチャーとして活躍した桑田真澄氏です。桑田氏は、二〇〇七年に米パイレーツから戦力外通告を受けた記者会見の席でこんな発言をしました。

「いまはただ感謝しかない」

「僕にチャンスをくれたパイレーツに対してお礼を言いたい」

普通、突然の解雇通告をされたら、恨み言の一つや二つ言いたくなるものです。しかし、**桑田選手はまったくそんな言葉は口にせず、プラス面のみを掲げてパイレーツに最大の感謝の念を示しました。**

その後、桑田選手は現役続行を選び、再びマウンドに立つことを目標に、右手首の手術に臨みました。そして、なんと、その後、二〇〇八年に再びパイレーツとマイナー契約を結ぶことになったのです。結果的に電撃的な引退となりましたが、桑田選手の感謝グセとプラス言動が、パイレーツとの再契約を引き寄せる一つの要因になったと言えそうです。

感謝にもパターンがある

ところで感謝には、次の三つのパターンがあると考えられます。

❶「後から」感謝

厳しい忠告などを受けて、そのときは「なにぃ!」とムカついたりするが、後になってそのことの意味がわかり感謝する。

❷「あたりまえ」感謝

良いことが起きたときやありがたいことをしてもらったときに感謝する。

❸「先回り」感謝

将来の理想が実現したことを想像して、「よかった。ありがとう」と感謝する。あるいは、自分が窮地に陥ったときでも、「これは自分に何かを気づかせようとしているのだ。ありがとう」と、先回りして感謝する。

こうした三つの感謝を積極的に実践していると、本当に感謝すべきことが起きたり、増えたりするという見方があります。しかも、感謝にもレベルがあって、ただ単に「ありがとう」と軽く思うのと、心の底から感極まって「ありがとう！！！」と思うのでは、感謝するパワー、つまり「感謝力」に雲泥の差があると言う人がいます。**このように主張するのは、工学博士の五日市剛氏や矢山利彦氏というれっきとした科学者や医師**なのです。

このような見方を信じるか否かは別として、感謝の念を常に持ち続けて生きることが、人生を豊かにしてくれることは間違いないでしょう。

4-3 長所だけに目を向けよう！

何事もそうですが、コインに裏表があるように、**物事にはたいていの場合、良い面と悪い面、長所と短所、あるいはツイている面とそうでない面があるものです。**

例えば、円高のときには、輸出業者は円換算で受け取るお金が減るので苦しくなりますが、輸入物価は安くなるので、国民の暮らしには良い面も出てきます。

突然、閑職に追いやられたら、出世街道からは離れますが、じっくり本を読んだり、思索を深めたりすることができるはずです。

また、優柔不断な人は、たいてい優しいという良い面も持っています。細かいところに目配りや気配りをしすぎるからこそ、優柔不断になっていることも少なくありません。

筆者は、短所というのは、実は長所の影みたいなもので、長所を伸ばせば自ずと気にならなくなるものではないかと考えています。

国家予算で考えてみましょう。

例えば、八〇兆円の国家予算のうち一〇兆円が無駄遣いだとします。この場合、七〇兆円が良い支出で、一〇兆円が悪い支出と一応考えられます。では、政治家たちがしっかり検討して、良い支出を増やしたらどうなるでしょうか。悪い支出はその分だけ減ることになりますよね。

良い支出が長所で、悪い支出が短所なのです。

また、円高のときは、輸出している企業は大打撃を受けるものですが、円高の長所を活かして高い円をドルに変えて海外直接生産を始めた企業の多くは、いまなおグローバルな成長を続けています。**円高の長所に目を向けた結果**です。

出世街道からはずれたことにより、エリートたちより多くの時間ができたために、本を出版できるようになった人もいます。それは私自身です(笑)。

優しい人は、優柔不断という短所をもっていることがあります。しかし本当にその長所を最大限に活かすと、優柔不断さによって軋轢(あつれき)が生じるのは真の優しさではないことに気づき、より気配りのきいた判断ができるようになるはずです。

長所を見る人は、引き寄せ上手

良い面や長所だけを見る習慣を身につけると、良い方向での引き寄せ力がアップします。

会社でも、**できるだけ部下の長所を見つけるようにし、その部分を褒めるようにすると、部下はやる気を出し、ますますその長所が際立ってきて、短所も気にならなくなり、やがて大きな成果を上げる**ようになります。

著名な経営コンサルタントの船井幸雄氏は、自らの実体験を踏まえて、店の売り上げをアップするのは簡単だと語っています。それはその店が取り扱っている商品の中でツイている商品を見つけ出し、その売り場を大幅に増やせば良いというわけです。多くの著書で、これまでこの単純な方法で効率よくかなりの成果を挙げてきたと述懐しています。

船井氏は長所やツイている面に眼が行くコンサルタントは一流で、短所や欠点ばかりを見つけ出すコンサルタントは二流、三流だとも指摘しています。短所や欠点を直すのは、時間がかかる割には成果が出にくいからです。人生でも同じです。

人間や物事の良い面、長所、ツイている面だけを相手にしている人は、良いもの(物、事、人、環境、境遇等)を引き寄せるのが上手な人なのです。

多くのツキの研究で明らかになってきたことは、ツクためにはツイているものとつき合うのがもっとも効率的で効果的だということです。

学業成績を上げたければ、成績の良い人とつき合うことです。効率的かつ効果的な勉強の仕方や記憶法などが自然と身についてくるからです。

異性にモテたければ、実際にモテている人とつき合うことです。異性に対する接し方、言葉遣い、服装、気配り等が自然と身についてくるからです。

お金持ちになりたければ、お金持ちとつき合うことです。お金に対する考え方、効率のよい稼ぎ方、生きたお金の使い方などが自然と身についてくるからです。長所を見ると、すばらしいものを引き寄せる

ところで、物事の長所を見ることで、すばらしい人生を引き寄せた人物がいます。

京セラ会長の稲盛和夫氏です。稲盛氏がまだ若いころに、松下幸之助氏の講演会に出席したときのことです。松下氏は持論のダム経営の話をしました。すると講演会で聴衆の一人が、「ダム経営は、具体的にどうすれば実現しますか？」と松下氏に質問しました。

松下氏の答えは、「やはりまず大切なのは、ダム経営をやろうと思うことで

すな」でした。会場からは失笑が漏れました。聴衆は「そんなのわかっているよ、だからどうしたらいいわけ？」という気持ちだったのかもしれません。

しかし、**稲盛氏は、雷に打たれたような感動を覚えた**と述懐しています。「まず『そうでありたい、自分は経営をこうしよう』という強い願望を持つことが大切なのだ」と。京セラのその後の快進撃の背景にこのときの稲盛氏の感動があったことは言うまでもありません。

これは、稲盛氏が他の経営者のように、頭の中で「できない理由」を並べずに、松下氏の発言の有意義な面、つまり長所を見抜けたからこそのことでした。素直に発言や物事の良い面（長所）を捉えることこそが引き寄せの真髄であることがわかるエピソードです。稲盛氏が京セラという世界的な超優良企業を一代で築けた秘密は、このような長所（ツイている面）とつき合うという「生き方」にあったと言えるのではないでしょうか。

また、他人の美点を探す大切さを指摘した人物もいます。

「ティファニーで朝食を」「ローマの休日」などで活躍した往年の名女優、オードリー・ヘップバーン氏です。ヘップバーン氏は、こんな言葉を残しています。

美しい唇のためには、親切な言葉を話すこと。
美しい瞳のためには、他人の美点を探すこと。
スリムな身体のためには、おなかを空かした人々に食物を分け与えること。
（中略）
歳をとればあなたは二本の手があることに気づくでしょう。
自分自身を助ける手、そして他人を助ける手。

親切な言葉が美しい唇を引き寄せ、他人の美点を探す行動や思いが美しい瞳を引き寄せるという解釈もできますね。そして、ヘップバーン氏の言葉は食物を分け与えたり、他人を助けるといった「利他主義」まで説いているのです。

ヘップバーン氏は、女優を引退した後、ユニセフ大使となってアフリカやインドの子供たちへの地道なケアに半生をささげました。そして、亡くなった後も息子さんを通じて「オードリー・ヘップバーン子ども基金」が開設され、その遺志は今も受け継がれているのです。

ヘップバーン氏の美しさや神々しい雰囲気は、まさにこうした彼女自身の考え方が引き寄せていたものと言えるのではないでしょうか。

4-4 「引き寄せ」の兆しに感謝し、記録しよう！

「引き寄せ」を実践していると、良いものを引き寄せていきます。

それは望んだことそのものズバリのときもあるし、特に意識して望んだものではないけど、「ラッキー」と思うようなケースもあります。

ただし、よく観察していないと、見逃すこともあります。それに気づかず、「こんなに頑張っているのに、なぜ良いことが起きないんだ？」なんて思っていると、せっかく引き寄せかけたものも潮が引くように遠のいてしまいます。

反対に、**どんなに小さなことでも「引き寄せ」の兆しを見出し、「こんなことがあってうれしいな。ありがとう」と感謝を積み重ねれば、ポジティブな波動が生み出され、さらに良いものを引き寄せる**ことにつながるのです。では、具体的にはどのようにすればよいでしょうか。

まずは「今日はこんないいことがあった。うれしい」と思ったことをメモしておきましょう。そして折りに触れ、それらを読み返し、感謝するのです。**大事なことは、どんなに小さな、些細なことも見逃さず感謝すること**です。**引き寄せの力は、最初は微かな兆しとして小さな形ではじまることが多い**からです。

ですから、引き寄せの実践をしていくうえで、なかなか大きな成果が現れないからといって、決して落胆してはいけません。

「今日は、何にもいいことがなかったよ」という方も、今日一日を振り返って、思い出してみてください。本当に、ひとつもいいことはなかったですか？

例えば、今日、会社に行ったら、○○さんが、ニッコリ笑って挨拶してくれた、会議が予想外にスムーズに進んで早く終わった、スーパーに寄ったら、前から欲しいと思っていた商品が値引きされていた、など、何かひとつくらい「よかった」と思えることがあったのではないでしょうか。しかし、多くの場合、そういったことは見逃されて、良いことのうちに数えられないことが多いのです。

でも、これからはきちんと見逃さないようにしましょう。最初は小さな兆し程度でも、いずれ雪だるまのように、転がすたびに成果が大きくなっていくものだからです。

大切なことは、小さな兆しに注意を向け、喜ぶことです。一つひとつを簡単にメモして折に触れ眺め、噛み締めるのも良いでしょう。ラッキーなことを眺めるのは、結構楽しいし、感謝の気持ちもわいてきて、良い波動が出るはずです。

また、どんなに小さな出来事でも「よかったな」「うれしいな」などと思いながら書いていると、そこに意識が集中し、少し自信もついてきます。「ああ、引き寄せのワークを実際にしているから、こんないいことがあったんだ」と。

そしてその自信が、また自分自身への自己暗示、つまり「引き寄せのワークをやると、良いことがある」という自己暗示につながっていくという効果も期待できるわけです。

4-5 EFSを活用しよう!

「引き寄せ」のワークをやっているときに大事なのは、「悪い思い」を極力排除することです。**望んだことを上手にイメージ化すれば、それが引き寄せられるように、悪いものもイメージ化したり、恐れたりしてしまえば、やはりそれが引き寄せられる**からです。

ただし、これは、言葉で言うほど簡単ではありません。

人間は、一日に六万項目の思いが次々と頭に浮かんでいると言われています。しかし、六万回、何かの考えが浮かぶたびに「いまの思いは良い?」「今の思いは悪い?」などとやっていくのは大変ですし、それればかりやっていては、まともな日常生活はとても送れないでしょう。特に頭の回転が速いときには、人間の考えは、一秒一秒、瞬間的に変わっていくことだってあります。

しかし、それをチェックしていないと不用意な暗示やイメージ化を行ってしまい、悪いものを引き寄せてしまう危険もあります。

では、いったいどうすればよいのでしょうか。

そこで大事なのが、ある一定時間に起ってくる感情をチェックすることです。「どうも悪い感情が起ってくるな」というときは、悪い思いになっている証拠です。反対に良い感情、すがすがしい感情が起ってくるときは良い思いということになります。

ですから、**ある一定時間の感情をチェックして、「ああ、いまはきっとあまり良い感情を出していないな」と思ったら、それまでの思いが良くなかったと反省して、軌道修正をしていく必要があるる**というわけです。

このように「何か一連の考えが浮かぶ」⬇「よい感情か悪い感情かチェック」⬇「良い思いか悪い思いかチェック」⬇「悪い思いなら軌道修正」という流れだと、思いの一つひとつを意識せずに、軌道修正が可能となります。

筆者は、この流れで自分の思いをチェックするしくみをEFSと名づけました。

EFSとは、Emotional Feedback Systemの略。日本語にするなら、「感情によるフィードバックシステム」です。フィードバックとは、ある行動の結果をみて、その後の起点となる行動を修正(調製)することを意味します。

このEFSがきちんと回っていくようになると、自動的に悪い思いのパターンが修正されていきますので、良い引き寄せ力がぐんとアップします。

ぜひ、日ごろからEFSを心がけていただきたいものです。

4-6 ご機嫌力と爽やか力をバロメーターとせよ！

引き寄せ力がついてきたかどうかについては、他にももう一つ判断できるバロメーターがあります。

ご機嫌力と爽やか力がそれです。

良い「引き寄せ」のワークを実践していると、だいたい機嫌が良くなってきます。そして、爽やかな印象も増してくるものです。

その感覚は、特に何も起きていないときでも、自然にわいてくることもあります。朝起きて、なんとなく気分が良いなと思うときは、良い引き寄せの力がついてきている証拠です。

良い引き寄せの力がついている人は、いつもご機嫌で爽やかな気分でいられるものです。それは、心の奥の潜在意識のレベルがそうなっているからです。

ご機嫌で爽やかな気分が続くと、だんだん悪いことが起きなくなってきます。つまり、良い「引き寄せ」のワークを実践しているときは悪いことが起こりにくいのです。反対に、悪い感情ばかりためていると、ご機嫌にはなれないし、爽やかにもなれない。そして悪いことを引き寄せてしまうのです。

だから、今日はなんか爽やかだなとか、なんか今日は機嫌がいいよね、って自分自身で感じたときは、引き寄せの実践が正しい方向で行われていると思って良いでしょう。自信をもって、いまのやり方を続けてください。

そしてさらに大事なのは、そういう**ご機嫌力や爽やか力を常にブラッシュアップして、ポジティブな思いや言動を習慣化していくこと**です。

私たちは、毎日、歯を磨く習慣、顔を洗う習慣、お風呂に入る習慣、下着を取り替える習慣などが身についています。習慣だから特に何も考えず毎日実行していますが、実は習慣化していないと、どの作業も結構、面倒なことなのです。習慣化すると、潜在意識が勝手に私たちを動かしてくれます。朝起きて歯を磨かず、顔も洗わず出かけなさいといわれたら、「えー！　キモ～い。そんなことできない！」と思ってしまいますよね。

習慣化は、「繰り返した行動」の結果

習慣は、先天的なものではありません。

例えば、日本人は毎日お風呂に入るという人がほとんどですが、ヨーロッパの国の中には毎日入る習慣がないところもあります。香水が発達したのもそのためだという説もあります。つまり、習慣とは、何度も繰り返し行動した結果、得られたものなのです。

ということは、いまあなたが実践している**ポジティブな考え方や、悪い感情の軌道修正、望むもののイメージ化などは、繰り返し、繰り返し行うことによって、習慣化してしまうことができる**はずです。そうなれば、人が潜在意識レベ

ルで歯磨きとか洗顔を習慣的にやってしまうように、プラス思考やプラス言動などが、ほとんど苦にならずにできるようになってくるのです。

前出の斉藤一人氏も指摘しているように、その効果は絶大です。早速、今日からその第一歩を始めましょう。

例えば、雨風が強くて、すごく寒い日に仕事に行かなくてはならないとしましょう。普通なら、「雨が降ってる、風も吹いてる。寒い。嫌だね、ほんと、うっとうしいな」と思いますね。

こんなとき、あなたはどう言うべきでしょうか？

「雨が降ってる、風も吹いてる。よし、**余計にやる気が出るな！**」

そのとおりです！　だんだん引き寄せ力がついてきましたね（笑）。

4-7 他人を褒めると「引き寄せ力」が高まる！

ここで、さらに「引き寄せ力」を高める秘策をお教えします！

それは、他人を褒めることです。

「な～んだ」なんて言わないでください。

褒めることはあなたが思っているより、はるかに絶大な効果があるのですから。

他人を褒めるということは、他人の長所に注意や関心が行っていることでもあります。要するに長所、良いこと、ツイてることに目が行っているというわけです。そういう良いところに注意が向けられる、関心を寄せることができる、ということ自体、引き寄せ力を高めることにつながります。ポジティブな方向に思いが向いていることになるからです。

一方、他人の欠点ばかり見ている人は、マイナスの引き寄せ力を高めてしまいます。

自分の思いの方向性もポジティブな方向に必ず行っていると同時に、他人の良いところを一生懸命見て、相手を褒めると、褒めた相手ももちろんうれしいですね。そうすると、相手からうれしい波動も来ます。だから良い引き寄せ力が格段に高まってくるというわけです。

褒めることも笑顔と同じくタダなのですから、惜しみなく実行してください。

あなたは今日何人の人の良い点を見つけ、何回、褒めましたか?

できるなら、明日からは、出会う人、一人ひとりの良いところをできるだけ見つけ出して、できたら口に出してさりげなく褒めてあげましょう。それが難しければ、陰でしっかり褒めてあげましょう。きっと、あなたもあなたと出会った人も、とても気分の良い日になるはずですよ。

4-8 「不快誘導法」から「快感誘導法」への切替で周りを育てよ！

周囲との関係について、もう少しお話しします。

周りの人に何かしてもらう場合、二つの方法があります。

ひとつは、**不快誘導法**です。

不快誘導法とは、相手に恐怖心とか嫌な気持ちを起こさせて、言うことを聞かせる、というやり方です。例えば、部下を厳しく叱るとか、不快感を出して相手に不快感さを味あわせることで、言うことを聞かせるという方法です。いわば、「アメとムチ」のムチの部分です。

この方法は割りと即効性はありますが、自分自身の中に毒を作ってしまうという欠点があります。怒りという毒、不快感という毒です。怒ると、血液が凝固しやすくなったり、血圧が急上昇するといった医学的弊害もあります。

あなたが怒ると、相手もそれを感じ、不快感を回避したくてあなたの言うことを一応聞こうとするものの、心のどこかで反発心が残りますので、基本的にはやはり得策とは言えません。それに加えて、相手から不快な波動も返ってきますので、叱った本人もそれを受けてしまうことにもなるのです。これは良い引き寄せには明らかにマイナスです。

もうひとつの方法は、**快感誘導法**。

快感誘導法とは、相手の良いところをみて、そこを褒めて伸ばしていくというやり方です。先の船井幸雄氏の長所伸張法もこれに属します。褒めて長所を伸ばして、実力を最大限に引き出してもらおう、というわけです。

この場合、相手は快感を得たいから頑張ろう、となるわけです。褒めてもらったときのあの快感を、認めてくれたときのあの快感を得たいからまた頑張るのです。いわば、「アメとムチ」のアメの部分です。

不快誘導法と快感誘導法

不快誘導法

相手に不快感、恐怖心を抱かせる。

相手が受け身的に指示・命令に従う。

指示・命令した方の具合も悪いし、相手も面従腹背となりやすい

快感誘導法

相手を褒めて伸ばしていく。

相手は褒めてくれたときの快感を思い出し、率先して頑張る。

相手からも嬉しい波動が返ってくるし、自分自身にも良い影響が期待できる。

あなたは、どちらが良いと思いますか？

どちらの方法を選びますか？

イソップ物語の「北風と太陽」で言うと、北風が不快誘導法で、太陽が快感誘導法です。

引き寄せの法則から言うと、基本的に快感誘導法の方が優れています。

もちろん、ごく短期的には不快誘導法が適している場合もあるでしょうが、そればかりでは、結局は自分自身も不快なものを取り込んでしまって、「良い意味での引き寄せ力」が落ちてくることになります。

それに相手もあなたに嫌気がさしてきます。**あなたの言っていることが正論であろうとなかろうと、関係ありません。**不快感に反応しているのですから。

例えば、上司が部下に不快誘導法を使い続けたら、表面的には『はい、わかりました』と言うでしょうが、面従腹背で、心の中では、「こんな上司のために誰が本気で頑張ってやるものか！」ということになってしまうでしょう。ですから、不快誘導法は緊急事態などで限定的に使うべきです。それを常態化すると、「良い意味での引き寄せ力」がどんどん落ちてくるからです。

怒るより、「こういう方法でやればうまくいくかもしれないよ」と、相手のことを思いやったうえでの建設的なアドバイスの方がはるかに賢明です。**怒りとかイライラは創意工夫の欠如から生まれるもの**だと心得ましょう。

一方、快感誘導法の場合は、快感を得たいがために相手は頑張るわけですから、**自分自身も快感の波動をつくらなければなりませんし、相手からもそれを受けることができます。**快感の波動が返ってくるからです。

潜在意識の理論から言うと、他人に発する言葉は自分に発する言葉なのです。潜在意識の領域は、主語(特に人物)の無い世界ですからね。

この意味でも、快感誘導法の方が不快誘導法よりも、はるかに「良い意味での引き寄せ力」を高めてくれるのです。

4-9 掃除も「引き寄せ力」を高める！

あなたの部屋を見渡してみてください。きれいに掃除されていますか？「散らかってるなぁ、きったねぇ～な」と思った人は、改善の余地が大アリです！

「そうじ力」についての数多くの著書で有名な舛田光洋氏によれば、部屋に散乱しているものにはマイナスパワーがあるので、そこにいる人のパワーをどんどん奪っていくそうです。だから、散らかった部屋にずっといるとやる気が失われたり、気分が後ろ向きになることが多いというのです。

机の上が散らかっていると仕事が進まないという人が多いのも、同じ理由です。机の上に不要なものがたくさん置かれていると、気が散って仕事に集中できないからです。

風水でも部屋が散らかっているのは良くないこととされています。風水では部屋は運気を溜める場所とされていますが、部屋が散らかっていると、悪い運気を溜め込んでしまうと考えられています。

部屋が掃除されていない状態だと、カビが発生したり、ホコリが溜まったり、ダニが大量発生したりと、衛生的にも決して良いことにはなりません。もちろんそういう状態は、ストレスを生んだり、人体にも悪影響を及ぼします。

このように、**部屋が散らかっていると、良いことはひとつもありませんし、良いものを引き寄せる力が落ちるだけでなく、身体的な病気やストレスや鬱といった精神的な病も引き寄せてしまう**のです。

一方、部屋をきれいにすると、どうでしょうか？

まず爽やかな気分になれますね。それに、テーブルひとつふくだけでも、「あきれいになった」という小さな達成感も得られます。そういったことが爽やか力やご機嫌力を上げることにつながるのです。

爽やか力やご機嫌力が上がると、良いイメージを描けるようになりますし、達成感が得られると、自分に自信がついてきます。このようなことが相俟って、さらに良いものを引き寄せるようになるのです。

筆者の周りでも、部屋をきれいにすると、考えがポジティブになっただけでなく、無くしていたものが見つかった、なぜかいきなり注文が増えた、などといった話をよく耳にします。

掃除をすると、自分たちがいる空間がきれいになって、気持ち良くなるうえに、良いものを引き寄せる効果も期待できるのであれば、まさに「一害無くて百利あり」ですよね(笑)。

部屋をきれいに保つ秘訣

では、具体的にはどのようにすればよいでしょうか。

部屋をきれいにするためには、まず不要と思える物を思い切って捨てることです。

それを見て元気が出るようなもの、必要なものはもちろん手元に残しておかなくてはなりませんが、ずっと使っていないもの、それを見るとあまり良い気分になれないものは迷わず捨てることです。

「いつか使うかもしれない」なんて思ってとっておいたのに、結局ぜんぜん使っていない、ということが案外多いものです。「迷ったら捨てる」くらいの気持ちで、いま使っていないものはどんどん処分しましょう。

ただし、公共のルールに則って処分することを忘れずに。ルールを守らないと、悪い波動を受けて、かえって悪いものを引き寄せてしまうことになりますから。

それから、いきなり大掛かりな掃除をしようとすると、途中で挫折しやすいので、今日は、リビングとお風呂だけはきれいにするなど、**日々の計画を立て、少しずつきれいにしていく方が良い**かもしれません。それを積み重ねていけば、全体が常にきれいになり、潜在意識にも「自分は掃除好きな人間」ということを無理なく刷り込める効果も期待できます。

掃除好きになるのには、ひとつのコツがあります。

それは**周囲の人に、「私は、本当は、きれい好き」だと折りに触れ公然と宣言する**のです。

宣言した手前、いつもきれい好きなフリをして片付けたり、整理したりせざるを得なくなります。

あなたがそのような行動をいつもとり続けると、周囲の人もやがて、「ほんとだ。○○さんって、ほんとにきれい好きなんだなぁ」と思うようになります。

そうすると、ますます自分もそうならざるを得なくなるでしょう。そのうち、それが習慣化されて、本当のきれい好きになっていくのです。ぜひ、今日から始めてみましょう。

掃除グセをつけると、爽やか力やご機嫌力が高まって、ますますポジティブな良い引き寄せが起こってきますよ！

4-10 気配りのススメ！

先ほど快感誘導法についてお話したときに、それが良い理由として、相手から良い波動を受けるから、と申し上げましたね。良い波動を受けると、人間は元気になり、輝いてくるのです。

そのことは、テレビや映画などのスターを見ていてもわかりますね。人気の無い時代は、良い波動をそれほど受けていないので、なんとなく、くすんだ感じがしますが、人気の上昇とともにきらびやかに輝いて見えるようになるでしょ。それは多くの人から、良い波動を受けているからなのです。

スターになるのは、ごく限られた人だけですが、相手から良い波動を受ける着実な方法があります。それは、周囲に気配りすることです。

気配りをすると、他人との関係が良くなるし、他人の良い波動を受けます。

それが良い意味での引き寄せ力を高めることにつながるのです。その反対に、他人への気配りをまったくせず、他人に不快感を与えるような行動をとっているのに、自分だけ良いイメージを描いて、良い引き寄せ力をつけようとしても、実現は困難と言わなければなりません。

気配りといっても、それほど大げさなことではありません。朝、会社で会った人にきちんと笑顔で挨拶する。エレベーターに乗った後、走ってきている人がいれば、少し待っていてあげる。

年長者には席を譲ってあげる。メールの返事は早めに丁寧な文面で出す、病気で休んだ人が出社してきたら、「大丈夫ですか、無理なさらないように」と気遣いの言葉をかける。

お茶を入れてくれた人などに「ありがとう」と言って、必ず笑顔で感謝の気持ちを表す、贈り物をしてくれた人には間を空けず丁重な自筆の礼状を出す、などです。

このようなことを続けていると、周囲から良い波動を受けることはもちろんですが、何より自分の気分が良くなります。それがさらに良い引き寄せへとつながっていくのです。

4-11 利他主義の生き方の効用を知れ！

利他主義とは、利己主義の反対の概念であり、自分よりもまず他者の幸せのために生きるという生き方です。言い換えれば、他者のために自分を犠牲にすることに喜びを感じるという生き方でもあります。

そのような生き方をしている人は、尽くす喜びとともに、周囲から感謝や尊敬の念（波動）を受けるようになります。そうしていくうちに、だんだん自分の環境や境遇がよくなってくるわけです。**利他主義が究極の自己愛につながる**と言われるのはそのためです。

反対に、利己的で自分だけ儲かればいい、自分だけ良ければいいというようなことをやっていたら、周りはスーっとひいていって、やがて誰の助けも借りることができず、孤独になっていくのです。

究極の利他主義に生きた人物を紹介しましょう。

皆さんご承知のフローレンス・ナイチンゲール氏です。ナイチンゲール氏は、裕福な家庭に育ちながらも看護師を志し、クリミア戦争では自ら志願して従軍しました。その献身的な活動から、彼女は「クリミアの天使」と呼ばれていました。

自己犠牲をいとわず、患者を救うために自ら厳しい環境に飛び込み、多くの命を救おうとする気概をもったこの女性に、痛手を負った兵士たちは身体だけでなく心も救われたに違いありません。

しかし、本当に救われたのは、見返りも求めず、人を救うという崇高な職務にまい進できたナイチンゲール本人だったのかもしれません。

大切なことは「他人のためにしてやってる」という思いは捨て去ることです。尽くしているその行為自体が尊いのですから、それだけで十分に良いものを引き寄せる効果があるのです。

しかしだからと言って、自分の最低限の生活基盤を損なってまで利他主義を貫くことはお勧めできません。自分のものをすべて投げ打って、自分は自立した生活ができませんっていうのでは本末転倒であり、かえって周囲の人々に迷惑をかけてしまうからです。

4-12 自分は幸せになる権利があると断言しよう！

これまで、引き寄せの意味、手順、秘訣などについて述べてきました。

その内容を深く理解し、着実に実践していると、必ず良い引き寄せが起こってくるはずです。

しかしそれでも、イマイチうまくいかない、という人も少なくないようです。

実は、そのようなうまくいかない人には共通点があります。

それは、ある種の謙虚さからくる自己制約グセです。

「どうせ自分はこの程度だろう」と限界を決めたり、あるいは「どうせ、私は～だから……」と開き直ってみたり。特に、いま恵まれてない人は、そういう傾向が強いのではないでしょうか。

そうした思考パターンが、幸せの引き寄せを阻んでいるのです。「自分はこ

んなに幸せになっていいんだ」って思わないといけないのです。世の中には、あなたより何倍も、いえ何十倍も、幸せな人がいっぱいいるわけですから、あなたは絶対に幸せになる権利があります！

いいえ、**もっと言えば、あなたは幸せになる「義務」さえあるのです！**

世の中には、億単位の収入を得て、高級な邸宅に住み、高級車に乗り、素敵な伴侶と子宝にも恵まれ、ファッションや旅行などを楽しみながら、幸せな人生を送っている人が、ゴマンといます。筆者はそんな人を見ると、誰にも迷惑をかけずに幸せになっていているなんて、すばらしいなと思います。もちろん、「物質的な豊かさ＝幸せ」と言っているのではありませんが、物心両面で幸せな人がたくさんいるということです。

人生の目的は、魂を磨く修行だと説く人がいます。筆者もその考え方に基本的には賛成です。しかし、**「魂を磨く修行＝苦労をすること」では決してありません。**むしろ、**正しく幸せになれるように魂を磨くことこそが人生の目的な**

のではないでしょうか。それは必ずしも、苦労を必須とするものではないはずです。

いま恵まれていないと感じている人がいたら、まず「自分は幸せになる権利がある」と断言しましょう！　いま家族やその他の人のために犠牲になっていて、恵まれないと感じている人は、「周りも幸せになるけど、自分も幸せになる」と考えましょう。今の境遇ではすぐにそうなれなくても、まず幸せになると決意しそう宣言することが大切なのです。「自分は幸せになる権利があり、もっともっと幸せになっていいんだ」と。

そのような発想をせず、「自分なんてどうせこの程度だよね」「今の境遇では、幸せなんて夢物語ね」と思っている人は、その程度の人生しか引き寄せられません。

まず、そこをはっきり認識し、考え方を根本的に変えましょう。

もう一度、言います。

幸せになることは、あなたの人生の目的であり、権利であり、義務でもあるのです！

4-13 「金のなる木はあなたの心の中にある」と心得よ！

「金のなる木があったらいいのに」って、思う人は多いですよね。

実は、金のなる木はあなたのとても身近なところにあります。

それは、あなたの心の中です。

極端な例を挙げると、**「お金なんて汚いものだ」と思っている人は、お金は引き寄せられません。**お金の悪口を言っているわけですから。引き寄せられるわけがないのです。それはあなたが悪口を言っている相手があなたに引き寄せられることがないのと同じです。

大きなお金を得たい人は、「お金なんてどうでもいいんだ」なんて決して言わないでください。「金儲けの話をするのは、いやしい」「金のことはどうでもいい」、あるいは「幸せは、お金では買えないんだよ」……。こういう風に、お金を悪く評価している人、お金に対して悪口を言っている人、お金を見下している人には、お金は決して引き寄せられません。

よく考えてみると、**お金は万能ではありませんが、お金でしかできないことは世の中にたくさんある**のです。

例えば、重い病気になったとき、治療費はお金でしかまかなえないでしょう。どんなに愛情をそそいでも、いくら世界の中心で愛を叫んだって、住宅ローンは減らないのです(笑)。

お金は非常に大切なもので、便利でこの上なく有益なものです。

お金をこの上なく愛しなさい

その稼ぎ方や使い方に問題があったとしても、お金自体は何も悪くないのです。

お金はいわば電気のようなものです。電気は、私たちの目には見えませんが、私たちの生活に多大な貢献をしてくれていますよね。電気のおかげで、私たちは、苦労せずに洗濯や掃除ができますし、夏は冷房で涼しく、冬は暖房で暖かく過ごせます。暗いところも、電気のおかげで明るくなります。

ところが、電気に感電したとします。もちろん、それは電気の使い方が悪かったからで、電気それ自体のせいでは決してありませんよね。電気のことならそのことがたやすく理解できるのに、お金のことになると、とたんにわからなくなるのはなぜでしょう。

ある意味で電気も、お金も同じです。お金も、悪い稼ぎ方や悪い使い方をすれば、良くないでしょう。ですが、普通、お金は正しく使えば良いことばっかりです。

確かに、テレビや新聞で事件の報道を見ると、結構、お金のトラブルにまつわるものが多かったりします。相続のときなんかに家族がモメるのも、たいていお金のことです。

そういうことがあると、ついお金自体を忌まわしいものと考えがちなのですが、よく考えると、お金はやはり素晴らしいものです。お金があれば、海外旅行ができる。きれいな家に住める。親孝行ができる。子どもに良い学歴を持たせてあげられる。洋服も、食べ物も、若さを維持するのも、お金があればある程度可能になるのです。

お金は、私たちを豊かな人生に導いてくれる根本となるものです。ですから、**他人が偉そうに「お金なんて」とか、「お金じゃないよ」などと言っても、決して同調してはなりません。そこにいびつな虚栄心が潜んでいることを見抜きましょう。**

そして、お金を心からこの上なく愛し、ＴＰＯ（時間、場所、状況）を踏まえながらも、できるだけお金は素晴らしいものだと口に出して言うようにしましょう。そうすれば、あなたのお金を引き寄せる力がぐんぐんと高まっていくことでしょう。

4-14 引き寄せの法則は支配的な思いが優先されることを知れ！

引き寄せの話をすると、次のような疑問を抱く方が少なくないようです。

「私は、成功哲学の本を山ほど読んでるのに、ちっとも成功しないんだけど……」

「良い思いを描いているのに、なかなか良いことが起きないよ！」

では、そのワケをお話しましょう。

なぜ、良いことを引き寄せられないか。

その最大の理由は、良いことを考えているシェア（割合）が少ないからです。

前にも述べたように、人間は、一日に約六万項目のことを考えているそうです。すると、たったいまは良いことを考えても、次の瞬間には、良くないことを考えている自分がいたりするわけです。

例えば、今日三〇分だけ良いことを考えたとします。しかし、それがすぐに現実になるわけではありません。なぜなら、それ以外の時間であなたが考えていることがどのようなものであるかにもよるからです。それに、あなたがいま引き寄せていることは、これまで生きてきて、考えたことすべてが総合的にからみ合っているからです。

特に潜在意識も含めて心の中を占めるシェアが大きい思いほど、引き寄せる優先順位が高くなります。だから、**あなたの望む結果が引き寄せられていないのなら、思いが足りない**、ということにほかならないのです。

それに引き寄せられるまでには、つまり物理的な世界で実現するまでには多少の時間差もありますから、しばらく結果がでないからといって落胆したり、諦めたりしてはいけません。

反対に、悪いことが起きているということは、いままで多くの時間を使って悪い思いを積み重ねてしまったということです。だから、しばらく悪いことが続くかもしれません。

でも、落胆する必要はありません。これから良い思いを重ねていけば、状況を変えられるからです。

心に良い思いだけを注ぎ続けよう！

例えば、あなたの心をコップの中の水と考えてみましょう。

悪い思いが心に満ちていると、コップの中も真っ黒な泥水でいっぱいになってしまいます。だけど、コップの中にきれいな真水を注ぎ続けるとどうなるでしょうか。

そう。どんどん色が薄くなって、最後は、透明できれいな水で満たされていくでしょう。もちろん、きれいな水を注いでいる途中、つまり水がグレーの時期にはいろいろあるかもしれません。でも、**最終的には、確実にコップの水が透明になってしまうように、最終的にはあなたの周りでは良いことがどんどん起きてくるようになっていくの**です。

しばらく時間差はあるでしょうが、だからといって、途中で諦めてしまうと、もとの汚い水に戻ってしまいます。でも、めげずに良い思いを心に入れていくと、やがて「やっぱり、引き寄せの法則って本当だね」と実感できるようになるのです。

4-15 許しも引き寄せ力を強化すると心得よ！

他人を許すことは、自分を恨みという悪魔から解放することです。

しかし、世の中には、いつまでも他人を許せない人が多いようです。

では、許さないとはどういうことでしょう？

「あいつの行為によって俺はこんなに迷惑かけられた」「悔しい、許せない」という感情です。

そう思う気持ちもわからないではありません。しかし、「許せない」という気持ちは、完全なマイナスの思いです。**許せない状態でいるということは、そのマイナスの思いを自分の中にずっと入れ続けるということ**です。

そういうマイナスの思いを入れ続けると、悔しいことをまた引き寄せてしまうでしょう。引き寄せの法則では、思いやイメージは、同等のものを引き寄せるのですから。

人を呪わば、穴二つ

それよりも相手を早々に許してあげて、自分の心も恨みという悪魔から解放してあげることが大事です。恨みから心を解放するには、許すのが一番です。恨みの念を自分の中に入れたら、恨むようなことがまた起ってくるでしょう。どこかで、思い切って許すと決めて、もう気にしないことです。

そして自分の意識の中からはずしていくほうが一番の得策です。

恨みの念は、相手にも入りますから、恨み続ければ、相手に悪いことが起こるかもしれません。しかし、**「人を呪わば、穴二つ」と言うように、相手にも悪いことが起るかもしれないけど、同じようなことが自分にも起きる**のです。

もっとも、その人と心中してもかまわないという覚悟があれば、それもひとつの手ではありますが、やはり非常にもったいないことです。

自分が瀕死の状態にあいながらも相手を許した人がいます。

故ローマ法王、ヨハネ・パウロ二世は、一九八一年五月にバチカンのサンピエトロ広場でトルコ人の男に狙撃され、重傷を負いました。

しかし、法王は、四日後に病床で「犯人（の罪）を許す」との声明を発表したのです。

相手のせいで自分が瀕死の重傷を負ったにもかかわらず、その相手を許すなど、普通では考えられませんが、法王はキリストの「七たびを七十倍するまで相手を許しなさい」という教えを、身をもって実践したのです。

確実に敵を許し忘れてしまうことを身につければ、どんなに侮辱され非難を受けても取るに足らないものに見えて、問題視しなくなります。

そうなれば、悪い思いを捨て去ることができます。それが結局、最終的には良いものを引き寄せることにつながっていくのです。

4-16 意志力を強化せよ！

「引き寄せ」には、ある程度の意志力も必要です。意志力とは目標実現のために文字どおり、意志を貫く力のことです。

「思う念力、岩をも通す」ということわざがあります。それほどに念力つまり強烈な意志の力は、思いを実現させる威力があるということです。

そこで、意志力の強化について考えてみましょう。

意志力の強化をするには、「引き寄せの法則」をよく考えて、それがどういうメカニズムでどういう効果をもたらすのかということを絶えず振り返って、原点に立ち戻ることです。

例えば、お酒やタバコがなかなかやめられないという人がよくいますが、そういう人も、酒の飲み過ぎやタバコの吸い過ぎは間違いなく身体や精神を害していくことは知識として持っているわけです。

しかし、頭では理解していても、ついつい「わかっちゃいるけどやめられない」状態になるものです。断酒や禁煙に限らず、とかく人間の意志は長続きせず、これまで好んでやっていた習慣をやめるのはかなり大変なことです。

本書で取り上げている「引き寄せの法則」にしても、最初はその趣旨を理解し、頑張ろうと思って、なるべくイライラせず、疑念を持たずに……などとやっていても、ほんの些細なきっかけで、すぐにスイッチが切れてしまうことも決して珍しいことではありません。

意志が弱いのは自己愛が足りないから

ではなぜ、意志が続かないのでしょうか。

それは自分に対する愛情、自己愛が足りないからです。意志力を強くすると

いうことは、自分に対する愛情を強化するということです。

例えば、ヘビースモーカーの人はこう思うかもしれません。

「自分はタバコが好きで吸っている。だからそれを続ける方が、自分への愛情なんだ」。

しかし、それは自分を愛しているのではなく、実際には、自分を蝕んでいることになるのです。

早起きの習慣をつけたい人は、こう思うでしょう。

「何日か早起きしてみたけど、日中眠くて仕事にならない。体に無理させているると思う。だからやっぱり夜型に戻したほうが、体のためなんだ」。

そうは言っても、夜遅くまで起きていると体内時計が狂ってくるし、会社に出かけるギリギリまで寝ているのはやはり良いことではありません。自分を本当に大切にし、愛情を注ぐのであれば、そういう習慣は変えるべきなのです。

止められないのは、自分に対する愛情が足りない証拠です。

意志力を強化するということは、自分に対する愛情を強くするということと同じなのです。

意志力が無くなったら自分をいじめている、自分を破壊している、自分を病気にさせている、そして自分の運命を悪くしていくことだとしっかり理解すべきです。

ですから、自分に対してもっと愛情を注ぎましょう。そのぶんだけ意志が強くなります。

そして無理にならない範囲で、自分の健康、心の健康、運命を良くする、そういった考え方や習慣を身につけましょう。そうすれば、良い意味での引き寄せ力も格段に高まっていくことでしょう。

4-17 心のサーモスタットの領域を変えろ！

しかし、ここで困ったクセモノがいます。

それは、心の中に潜む、「サーモスタット」です。

サーモスタットって、そう、コタツとかトースターとかストーブとか、主にモノや人を暖める家電製品についている自動で温度調節する装置ですね。熱くなりすぎると、一旦、機械の機能を自動的に止めたり弱めたりして、温度を下げる。そして冷えてくると、再び作動して暖める。

人間にも同じようなものが備わっています。

「ホメオスタシス（恒常性）」です。

これは、つまり、生体の内部や外部の環境が変化しても、その生体の状態は一定に保たれるという生物の性質や状態を指します。外界の温度が変わっても、人間の体温がだいたい三六度くらいに保たれているのも、この機能のおかげです。

ホメオスタシスは、潜在意識(自律神経)が司っています。つまり、急激な変化を好まず、現状維持をさせようという無意識の行動や機能を司っているわけです。いちいち何でもかんでも意識で判断すると、大変なことになります。ですから、人間はたいていのことは潜在意識に任せているのです。

例えば心臓をいまから一回動かすぞ、二回動かすぞということはしませんよね。呼吸も、いまから吸ってー、はい、吐いてー、吸ってー、なんて四六時中やっているわけにはいきません。

そういうことはすべて、潜在意識に任せているのです。

体温を一定に保っているのも、心臓を一定のリズムで動かしているのも、すべて潜在意識のなせるワザというわけです。これはあくまでも人間の身体が正しく機能するためのものです。潜在意識にサーモスタットがついているのも、あくまでもコタツと同じように、あなたを急激な変化から守ろうという、ありがたい配慮なのです。

心のサーモスタットの領域を変える法

しかし、引き寄せにとっては、これが障害になる場合もあります。

例えば、体重が六五キロの人の体重に急激な変化の兆しが現れると、潜在意識がそれを察知して、サーモスタットを機能させて、できるだけ六五キロの状態を維持させようとするのです。

だから、あなた自身は「ダイエットするぞ」と思っていても、少しやせてくると、なぜか「ああ、これだけ我慢したから、そろそろカロリーの高いものをたくさん食べるべきだ」とか、「疲れすぎても体に悪いから今日はエクササイズはお休み」などという思いがわきあがってきて、どんどんダイエットとは反対の方向に自分を追いやってしまうのです。

これが、心、特に潜在意識の中にあるサーモスタットの正体なのです。このサーモスタットの制約を乗り越えない限り、あなたは希望とは裏腹に、本当は脱却したいはずの自分の現状(太っているとか、性格が暗いとか)を維持してしまうことになるのです。このような場合には、サーモスタットの領域の変更が必要です。

そのためにはまず、自分の理想の姿をリアルにイメージ化して、自己イメージを完全に変えるということが必要です。先ほどの例なら、体重が六五キロというのが自己イメージだとすれば、その自己イメージは間違っていると宣言しましょう。

そして例えば、「自分の本来の姿は四八キロだ!」というように強くイメージして、それが本来の自分だと強く認識させるのです。その(四八キロの)自己イメージが、徹底して潜在意識に入らない限り、潜在意識は、できるだけこれまでの自分のイメージに近いものに維持していこうとするのです。

だから、本当に痩せたいなら、**食事制限や運動ももちろん大事ですが、「自分は六五キロではなく、四八キロなんだ」という自己イメージを徹底する方が潜在意識のメカニズムからすれば、はるかに有効**なことと言えるでしょう。というか、そのような自己イメージが確立すれば、余計なものは食べたくなくなりますし、必要な運動もきちんとできるようになるのです。

無理なくサーモスタットの領域を変えるコツ

ところで、心のサーモスタットの領域を完全に変えてしまうには、相応のエネルギーが必要です。先ほども言ったように、ある程度の結果が出始めたところで、ホメオスタシスの観点から、潜在意識が急激に干渉し、邪魔をしてくるからです。

それを克服するコツは、「少しずつ変化させる」ことです。

例えば、朝、早起きをする。いままで八時に起きていた人は、いきなり六時に起きるのではなく、とりあえず、七時半に起きてみようとか。たった三〇分早く起きるだけですが、これを毎日続けられたら成功しているという実感と自信が湧いてきますよね。

あるいは、エレベーターはオフィスのひとつかふたつ下の階で降りて、あとは階段で上るとか。それでも、ある程度成果が出始めたときにいろいろな抵抗感が襲ってくるかもしれません。それでも、無理のない範囲で少しずつ成功体験を積み上げるのです。

習慣化してしまえば、もうこっちのものです。気がついたら、無意識のうちに、階段をかけ上がっていたなんてことになるわけです。

この状態にまで達したら、新たな自己イメージが潜在意識にかなり定着したことになります。階段を使わないと、なんだか調子狂うとか、甘ったれた自分が許せなくなるとかいった境地になるわけですね。

早起きにしても、「自分は朝寝坊」という自己イメージだった人が、「早起きな私」というように自己イメージが変わるわけです。そうすると、七時半に起きるのが当たり前で、それより遅く起きると、なんだか気持ち悪いな、なんてことになるわけですね。

この時点で、心のサーモスタットの領域が少し変化したことになるのです。

4-18 いったん願望を送り込んだら、任せよう！

「引き寄せの法則」で、誤解されやすい問題があります。それは、「いったん、潜在意識に願望を送り込んだら、任せなさい」ということです。

「いままで、引き寄せをするには繰り返し潜在意識に言葉を覚えこませると言われていたのになぜ？」と思う方も多いですよね。そのお気持ちはよく理解できます。

早速、それにお答えしましょう。

もちろん、引き寄せたいと望む状況などありありと具体的にイメージ化したり、言葉にしてアファメーションを行うなどして、潜在意識に入れていくのは、非常に重要な作業です。

しかし、こうした作業を常に一から繰り返したとしても、例えばアファメーションをやっている最中に「ほんとにできる？」という疑いの念がわいてくる可能性があります。すると、その引き寄せ効果は大きく減殺されてしまうことになるのです。

そこで、「任せた」という気持ちが必要となってきます。つまり、**引き寄せの法則の手順をきちんと完遂した後は、自分の意識レベルでは「任せたから、よろしくね」という気持ちでいることも大切**なのです。

例えば、畑に種を植えるときを考えてみてください。種を植える。そして、翌朝、芽が出たかなといって掘り起こして、また戻す。

また一時間後にもそうする。そして、またその一時間後にも掘り返す……。

そんなことばかり繰り返していると、植物は育ちませんね。

アファメーションや自己暗示も、心の中に願望の種を植えるようなものですから、育てるためにはある程度の期間は任せないといけません。その間、アファメーションやイメージ化はもちろん行ってよいのですが、種を植えたら定期的に水をやったりする程度に抑えることが大事なのです。潜在意識に入っているものを、もう一回、一から掘り返して芽が出たかなと、確認するようなことはしない方が良いのです。

繰り返しますが、イメージ化やアファメーションなどはある程度しっかりできたら、後は簡略的に確認する程度にして、「任せたからね」という気持ちを持って楽しみに待つことが大切なのです。

Chapter 5

「引き寄せの法則」の注意事項(わな)はこれだ!

家電製品や機械などには、その取り扱いに注意すべき事項があります。同様に、絶大なパワーを持つ「引き寄せの法則」にも、決してやってはならないことがあるのです。

そこで、本章では、引き寄せの実践中に、決して行うべきではない注意事項を詳細に取り上げ、解説していきます。逆にここで書かれていることをしっかりと回避すれば、あなたの引き寄せ力は格段に高まっていくことでしょう。

5-1 ネガティブな言葉は絶対に使うな！

　これまで「引き寄せの法則」のすごさ、メカニズム、そして実践法について詳しくお話してきました。

最初より、ずいぶん「引き寄せ」に関する理解を深めていただけたのではないでしょうか。

　さて、ここで「引き寄せ」を実践する上で、とても大事なことをお話します。

それは、言葉に関すること、です。冒頭で、「引き寄せの法則」とは、心、特に潜在意識の中に入っていくイメージのなかで、最も支配的なものと同等のものを引き寄せる法則であると説明しました。

　支配的なイメージがポジティブであれば、ポジティブなものを引き寄せ、ネガティブなものであれば、ネガティブなものを引き寄せることになるわけです。

言葉はイメージを生む

イメージは、言葉を介しても生み出されます。したがって、ポジティブな言葉は、ポジティブなイメージを、ネガティブな言葉は、ネガティブなイメージを呼び起こすわけです。

人は、普段の会話や考え事をするときには、ほとんどの場合、言葉そのものをあまり意識することはありません。

ただ言葉とは不思議なもので、例えば「みかん」と言えば、あのオレンジ色で丸い形のみかんの映像が大体浮かびますよね。

「レモン」といえば、レモンという文字ではなく、黄色いレモンの映像が、「新幹線」といえば新幹線という文字ではなく、あの流線型の車体の映像が浮かびます。「海」といえば海の映像が、「山」といえば山の映像が浮かぶはずです。

「飛行機が墜落した」と言えば、飛行機が下向きになって海面や地面に向かって叩きつけられるようなイメージなどが浮かびますし、「病気になる」という言葉からは、青白くてやせ細った自分の姿が浮かぶでしょう。

このように、言葉によって私たちはイメージを作り、それが潜在意識に入っていっているわけです。潜在意識は、基本的には、イメージで情報をコントロールしたり、蓄積したりしているのです。

だから、「ネガ語」、すなわちネガティブな言葉は、絶対に使ってはならないのです。たとえ冗談のつもりでも、ネガ語を何度も何度も使っているうちにイメージ化されて、引き寄せの中核エンジンである潜在意識に入っていく。そうすると、それを引き寄せることになってしまうのです。

ネガ語は物質にも悪影響を与える

ですから、まず、最初から自分がそういう言葉に注意を向けない、意識をしないことが大事です。そういう言葉を使っているとネガティブな人や物と波長が合ってしまうことにもなります。

前出の中村天風氏も、どんな場合にも「困った、弱った、情けない、悲しい」など、消極的な言葉は絶対に口にするなと述べています。

言葉には言霊(ことだま)という、良くも悪くも現実を変えるエネルギーがあるからです。

だから、「これは消極的だ」と感じたら、断じて受けいれず、打ち消しなさい、そして、どうせ言うなら、「ああ、ありがたい」「ああ、楽しい」「元気が出るなぁ」などと積極的な言葉を発し続けることで病いや運命を好転させよう、と提言しています。

ネガ語⬇ポジ語変換の勧め

とは言え、ネガ語を使わずに会話するのはなかなか簡単ではありません。ネガ語が良くないのはわかるけど、ぜんぜん使わずに会話ってできないよね、と思う方も多いことでしょう。

確かに私たちは特に意識せずネガ語を多用しています。

例えば、仕事で苦労しているお友達を慰めてあげるとき。

「そうなの。大変ね」の「大変」は、ネガ語？

会社で挨拶するときの「お疲れ様でした」の「疲れる」もネガ語？

もちろん、いたわりの気持ちが入っている分、ネガ度は減殺されますから、弊害は少ないでしょうが。

お客様の要望を飲めないとき。

「すみません。ちょっとそれは、難しいんですよね」。

「難しい」もどちらかと言えば、ネガ語ですかね。

すべてネガ語をなくすのは、難しい、いえ「努力が必要」ですね。

でもそれを克服する方法はあります。

お勧めしたいのは、「ネガ語をポジ語（ポジティブな言葉）」に変換して使うことです。

例えば、「ダメだな」は、「改善の余地があるな」。「難しいな」は、「努力の必要ありだな」などと変換するのです。「ダメ……」と言いそうになるところをぐっと我慢して「改善の余地があるな」と口

―ネガ語をポジ語に言い換えよう―

ネガ語	ポジ語
あいつには、頭に来た！	あいつといるとファイトがわく！
心配だな、不安だな	きっとうまくいきそうだ
大変だな	やりがいがあるな
あの仕事、イヤだな	あの仕事って、やる気が出るな
失敗したな	学んだな
寂しいな	落ち着けるな
疲れたな	頑張ったな

に出して言ってしまうのです。

◆ポジ語変換シートを作ろう！

あなたも、自分の口癖をチェックして、ポジ語変換をしてみましょう。前のページにポジ語変換の例を挙げていますので、参考にして、自分のオリジナルの変換表を作成してみましょう。一日きちんと変換できたら、夜寝るときにはかなりすがすがしい気持ちになれますよ。ぜひお試しあれ！

―ポジ語変換シート―

ネガ語	ポジ語
例…悔しいな	例…やる気が出るな
例…ダメだな	例…改善の余地ありだな
例…傷つくな	例…磨かれるな
例…失敗したな	例…学んだな
例…疲れたな	例…頑張ったな

5-2 疑い、恐怖、嫉妬は、良い引き寄せの最大の敵だ！

良い引き寄せ力の最大の敵は、疑い、恐怖、嫉妬です。

疑い、恐怖、嫉妬、という念は、マイナスの引き寄せを起こします。**引き寄せの中核エンジンである潜在意識は、善悪の判断はしません。ただ、注意や関心を寄せるものを引き寄せるのです。**

例えば、「うちの人（主人）、もしかしたら浮気してるんじゃないかしら？」というほんの些細な疑いであっても、**一度疑いはじめると不思議なことに次々と疑いたくなることが起ってくるものです。**そして疑いがだんだんと自己増殖を始めます。

これも、疑いによってそのことを引き寄せているのです。つまり、「あの人は怪しい」という疑いの念がどんどんふくらんで、ご主人や奥様があなたの知らない誰かと楽しそうにお茶を飲んでいるところや、イチャイチャしているところなどの、ありありとした具体的なイメージとなって潜在意識に入っていくのです。

潜在意識は、ありありと具体的にイメージ化されていることを受け入れ、それを実現させようと動いてしまいます。もちろん、そんなことをあなたが望んでいるわけがありません。それでも**潜在意識には善悪や望んでいるかいないかなどの判断ができません**から、イメージとして入ってきたものをひたすら実現させようとするわけです。

最初は浮気していなかったのに、配偶者が強烈に疑っているうちに本当に浮気してしまった、というケースをよく耳にするのも、こうした理由によるものなのです。

反対に、配偶者のことを信じているほうが、なぜか浮気はしないものです。

もちろん一概には言えないでしょうが、疑っている相手には嫌気が差すことは間違いないでしょう。

幽霊の正体見たり、枯れ尾花

恐怖も同じです。「怖い、怖い、怖い」って言っていると、何でもないことがものすごく怖くなりますよね。

以前、テレビで、視聴者から困っていることや助けてほしいことをレポーターが叶えるという主旨の番組が放映されていました。その中で、視聴者から「決まって午後一〇時半に、毎日、公園の向こう側からキィ〜という不気味な音が聞こえるので、怖くて眠れない。レポーターの人にその正体を突き止めてほしい」という相談が寄せられていました。

レポーターが、視聴者の家に行き、待機していると、確かに午後一〇時三〇分頃に「キィ〜」という音が聞こえてきました。早速、レポーターは外に出て、音が聞こえる方向に歩いていくと……。なんと、その「キィ～」の正体は、おすし屋さんのシャッターが閉まる音だったのです。

おすし屋さんの店主に、「閉店時間は？」と尋ねると「毎日、一〇時半です」とのこと。

それを知った視聴者は、大笑いで「な～んだ」と言っていました。レポーターも「ちょっと見に行けば、長い間怖い思いをしなくてすんだのに」と感想を漏らしていました。怖い、とは往々にしてこのような場合が多いのです。**「幽霊の正体見たり、枯れ尾花」**とは、よく言ったものです。

疑いとか嫉妬とか恐怖心というものは、必ず、心の中で増幅します。しかも急速に。そうすると、怒りやイライラと同じで、本当に嫉妬すべきことや恐れていることを引き寄せてしまうのです。

恐怖や緊張の克服法

また、恐怖心は相手にも伝わります。

筆者も、会社の重役たちの前で講演する機会がありますが、そのとき、かつては「厳しい質問を受けるのではないか」「自分の話が受け入れられなかったらどうしよう」などと恐れの念を抱いたこともありました。しかし、恐れていたからと言って良い話ができるわけではありませんし、話がうまくなるわけでもありません。当然、恐怖心を持たないほうがうまくいくものです。

恐怖心は、恐怖の波動を生み出し、それが観客にも伝わってしまいます。「この人ちょっとオドオドしてるな」「あまり慣れてないのかな」「きっと言ってることに自信がないんだ」とか。それに恐怖心が、悪いイメージを作り出し、それを潜在意識に送り込んでしまうと、次々と逆効果が生じてきます。

例えば、自分がしどろもどろになっている姿や話が受け入れられなくて、苦笑いしている観客の様子などがイメージ化されて、それが潜在意識に入り込んでしまうと、本当に講演でしどろもどろになって話せなくなったりするものです。

したがって、講演に関しても、恐怖心を持たず自然体で臨んだほうが、観客にも受け入れられやすくなります。何より、一生懸命取り組めば、その波動が観客に伝わって、良い講演会になることが多いのです。

筆者は最近、講演などを引き受けた際、緊張を楽しむようにしています。「おっ、心臓が少し早く打ってきたぞ、面白いな」「こんな手に汗握る体験って、どんなアトラクションよりもスリルがあるな」などと言って、面白がっているのです。

恐怖心とは、まともに戦ってはいけません。たいていは、「**案ずるより産むが易し**」ということで終わってしまうものなのです。

嫉妬心や恐怖心は水際で食い止めよ

いずれにしても、嫉妬心や恐怖心は、自分に入ってくる水際でシャットアウトすべきです。ちょっとでもまともに意識に入れてしまうと、すぐにグングンと増幅して、自分ではコントロール不能の状態に陥ることもないとは言えません。

ですから、**疑いや恐怖心や嫉妬心は、水際で防ぐ、絶対、一ミリも入れないというくらいの気持ちでいたほうがよい**でしょう。疑いとか恐怖心とか嫉妬とかに襲われそうになったら、問答無用、直ちに振り払うことが肝要です。

特に恐怖の念は最も厄介です。それを抱えたままだと、恐怖に感じているものの自体を引き寄せてしまうことにもなりかねません。恐怖心対策としては、万全の対策を採っておくこともひとつの方法です。恐怖心をもったまま何もせずにいるよりは、ずっと事態を好転させられます。

例えば、地震と台風を比べると、どちらに対してより恐怖を感じるでしょうか。どちらも大きな被害をもたらす可能性はありますが、どちらかといえば、台風に対する恐怖心のほうが地震に比べて小さいように思います。

その理由として、台風は上陸する時期や台風の規模などが事前にわかることがあげられます。いまは、気象情報も豊富ですので、テレビやインターネットで、逐次、台風の進路や強さ、予測される被害などについてある程度把握できます。そのため心構えもできますし、対策を講じることもできます。

一方、地震はというと、何の前触れもなく突然起こります。最近は地震に対する認識が深まり、防災グッズを常備するなど、いざというときのための備えをしている人が増えました。

何事もそうですが、**対策さえしっかりしておけば、恐怖心はずいぶんと緩和される**ものです。

5-3 怒りやイライラのクセを脱却せよ！

「引き寄せの法則」を貫徹するには、さまざまな障害と戦わなければなりません。

その中に怒りやイライラの感情があります。

日々生活していると、怒りやイライラすることは、日常茶飯事です。あなたの周りにも、いつも怒っている人や、いつもイライラしている人がいませんか。愚痴っている人はいつも愚痴っていますよね。

しかし、怒りやイライラを癖にしている人は、当然、本人の自己イメージもそのようになっているものです。常に意識が怒りやイライラに向いているのです。**引き寄せの法則は、その人が意識を向けたことを実現しようとしますから、怒りやイライラを抱えていると、怒りたくなることやイライラする現象を引き寄せてしまう**ことになります。

前出の斉藤一人氏は、「苦情の電話はイライラした人がとる」と述べています。同じ波長のものを引き寄せるからでしょう。また、イライラしたときにイライラしたことをすると、イライラ度を増幅します。皆さんも経験があるかもしれませんが、大声で怒鳴ったりしているうちに怒りはさらに増幅するものです。

ですから、いかに怒りやイライラを呼び起こすような出来事が起きても、極力、怒らず、イライラせずに冷静に対処することを考えるべきなのです。

怒りやイライラを克服するコツ

米国の元大統領のトーマス・ジェファーソン氏は、こんな言葉を残しています。

「怒りを感じたときは、口を開く前に一から十まで数える。ひどい怒りを感じたときは百まで数える。それでもダメなら千まで数えろ」

この境地に至るのは、大変な努力が必要ですが、**いずれにしても、冷静に考えて行動したほうが、いい意味での引き寄せ力が高められる、**ということは言えそうですね。

少なくともイライラしたときにイライラした言動はとらないようにすべきです。ある人が、「最近、イライラしたとき、とりあえずニッコリしてみることにしたら、イライラが少しおさまる気がします」って言っていました。そこで筆者も試してみましたが、かなりの効果が実感できました。

これは、怒りやイライラを回避する有効な手段の一つです。表情をニッコリさせると、そのイメージが潜在意識に入り込んでいくからでしょう。

悪猫は追い払え！

米国の法律家、ウィリアム・W・アトキンソン氏は、その著書『引き寄せの法則』で、怒りや不安感などに襲われそうになったら、力を込めて「消えろ！」と言って追い払うことを勧めています。

このときに**怒りやイライラを悪猫に見立てて、追い払ってしまうイメージを描くのも有効**だそうです。つまりこういう感じです。

例えば、悪猫（怒り）がやってきたら、すぐに「うせろ！」「消えろ！」と言って追い払うことです。すると、悪猫は向こうの隅のほうにサーっと逃げて行くはずです。

しかし、放っておくと、また悪猫は性懲りもなく戻って来るかもしれません。

そのときはまた「うせろ！」「消えろ！」と、断固たる姿勢で振り払うのです。

それを繰り返していくうちに、いつのまにか、悪猫は姿を消してしまうことでしょう。

5-4 暗黙知のほうが潜在意識に入りやすいので注意せよ！

「引き寄せの法則」を実践するときに気をつけていただきたいことがあります。

それは、「**暗黙知**」のほうが潜在意識に入りやすいということです。

暗黙知というのは、発言者の言葉以外の、しぐさや表情、雰囲気などで伝わる情報を言います。

例えば、けんかをした彼から、「もう怒ってないよ」とメールが来たとします。このメールを見た人は、「そうか、もう怒ってないんだ」と安心するでしょうか。文字だけでは暗黙知が伝わらないので不安になりますよね。

それで、直接、相手に電話をすると、かなり不機嫌な声で「何？　どうしたんだよ！　もう怒ってないって言ってるだろ！」とぶっきらぼうな声。すると、相手がやはり怒っているんだなってことが伝わってきますよね。これが「暗黙知」です。

この反対は、「**形式知**」と言います。言語とか数式、表とかで伝わるものです。暗黙知という概念は、マイケル・ポランニーというハンガリーの科学哲学者が、その著書『暗黙知の次元』で「人間は語る以上に知ることができる」という有名な言葉とともに提示しました。

人間は、「形式知」より、「暗黙知」で受け取る情報量のほうがはるかに多いそうです。例えば、人と話しているときに、すべての情報量を一〇〇％としたら、そのうち、言語を介して伝わっているのはせいぜい二〇～三〇％で、七〇～八〇％は言語以外から感じ取っているとのことです。

暗黙知は意識をスルーする

水泳などの運動能力も「暗黙知」で習得しています。例えば、水泳コーチが生徒たちに「クロールは、足をバタバタさせながら、腕を左右交互に使って水をかけば良い」などと言葉でいくら説明しても、誰でもすぐに泳げるようにはなりません。

やはり何度も何度も水の中に入って練習し、うまくいったり失敗したりするうちに、だんだんと泳ぐコツを習得できるものですね。そして、一度泳げるようになれば、その後何年も泳ぐ機会がなくても、また泳げるものです。

自転車も同じです。「ハンドルを握って強くペダルをこぐ。いったん動き始めたら左右交互にペダルをふむ。姿勢はまっすぐにしなければならない」などと説明されてもやはりすぐには乗れるようにはなりません。最初は一～二度ペダルを踏んだだけでバランスを崩しますが、何度もこけて、失敗するうちに乗れるようになってくるわけです。自転車も一度乗れるようになれば、数年のブランクの後に自転車に乗ったとしても、やはり自転車に乗れるのです。

このようにみてくると**「暗黙知」は言葉を介してない情報ですから、意識を「ス**

ルー」して、そのままダイレクトに潜在意識に入っていくものであることがわかります。だから、暗黙知は潜在意識に入りやすく、定着もしやすいのです。

伝わるのは、言葉より「暗黙知」

人間同士のコミュニケーションにも同じようなことが言えます。

例えば、会話の相手が、自分のことを好ましく思っていないとします。すると、言葉で「あなたのことがイヤ」とはもちろん言いませんが、相手はなんとなく「イヤだな」という表情を覗かせるのです。あるいはなんとなく冷たい雰囲気がするということもあります。

そういったイヤそうな表情や冷たい雰囲気が潜在意識に急激にイメージ化されて入っていくわけです。

これは、「あなたのことが嫌です」と言葉で言われるよりも、潜在意識にとっては強烈なことなのです。

「あなたのこと嫌いです」と言葉では言っていても、愛情をもってニコニコした態度なら、相手には「嫌い」というイメージはそれほど入りません。むしろニコニコした顔のイメージ、つまり「暗黙知」の方が入っていくでしょう。

しかし反対に「大好きです」って、嫌な表情で言われたらどうでしょう？

もちろん、「嫌い」って言われるより「大好き」って言われたほうが言葉としては良いはずですね。

しかし、言葉は「大好きです」と言っていても、そのときの嫌な顔、声のトーンなどから考えると、これは、「本当は嫌がっているんだな」ということが相手にわかってしまうわけです。「大好きです」という形式知より、嫌な顔や声のトーンがイメージとなって潜在意識に入ってしまうからです。

メラビアンの法則

一〇〇万部を超えるベストセラー『人は見た目が9割』（新潮社刊）の作者、竹内一郎氏は、あるテレビ番組の講義で、暗黙知に関する興味深い実験結果を紹介していました。

その実験では、まず女性が嫌そうに顔をしかめて〝I love you（あなたを愛してる）〟と言います。

そして今度は同じ女性がとても嬉しそうな表情で〝I hate you（あなたなんて嫌い）〟と言うのです。

この二つの映像を被験者に見せて、「どちらのほうが、相手を好きだと思っているか」と尋ねました。すると後者、つまり**嬉しそうな表情で「あなたなんて嫌い」と言っているほうが、相手が好意を抱いていると思う、と応えた被験者の方が多かった**というのです。言葉がいかに好意的であっても、その表情、つまり暗黙知のほうが相手には伝わってしまうということですね。

米国の心理学者アルバート・メラビアン(マレービアン)博士によれば、表情と矛盾する情緒的メッセージが発せられた場合、相手が受け取る情報は、五五%が顔の表情、三八%が声の感じ(高低、大きさ、テンポ)、そして、言葉の内容自体はわずか七%しか伝わらないとのことです。これは、「メラビアンの法則」などといわれています。

ですから、言葉は「大好きです」と言っていても、そのときの嫌な顔、声のトーンなどから考えると、これは、「本当は嫌がっているんだな」ということが相手にわかってしまうわけです。

「大好きです」という形式知より嫌な顔や声のトーンなどの暗黙知の方が、イメージとなって潜在意識に入ってしまうということですね。

気配りの効用

言語の場合は、「言語」➡「イメージ」➡「潜在意識」という入り方をします。つまり、言語があり、それがイメージ化して潜在意識に入るというような流れですね。ところが、**暗黙知の場合は言語化されないままダイレクトに入ってしまいます。**

だから暗黙知というのは非常に重要で、人には決して嫌な思いはさせないように、気配りをきちんとすべきなのです。相手に嫌な思いをさせると、悪い暗黙知を受けて、それが潜在意識に直接入ってくることになるからです。

では、もし嫌な人がいたらどうすればよいでしょう。間違っても、正面衝突などしないようにしましょう。

できるだけニコニコして、必要なときにはさりげなく話したらいいのです。

そして、嫌な表情を出さないということも大事です。相手はそれを敏感に察知しますからね。

しかし、**基本は、極力、関わらないこと**です。関わると、どうしても波長を合わせざるを得なくなりますし、「朱に交われば赤くなる」で、マイナスの念を受けたり、図らずも、マイナスの引き寄せ力がついたりしますから、要注意です。

5-5 優越感充足の欲求を脱却せよ！

「引き寄せの法則」を阻害している要因のひとつに「優越感」の問題があります。正確に言うと、「優越感を充足しようとする欲求」の問題です。

そのように言うと「え？　優越感なんて、持ってないよ。それどころか劣等感の固まりなのに」なんて、思う人も多いかもしれません。しかし私たちは、**自分ではあまり意識していないのですが、常に他人との比較で優越感を感じたいと思って行動していることが非常に多い**のです。

悪口を言うことは、その典型例です。よく居酒屋などに行くと、会社帰りのサラリーマンたちがお酒を飲みながら、こんな会話をしているのを見かけます。

「○○課長って、あんなだから、万年課長なんだよな」

「○○課の△△ってさ、あいつ課長の金魚のフンかよ。いつも取り入ってばかりでさ、見苦しいよな」

こういう発言のウラには、「あいつより、俺のほうが偉い」という、他人に対する優越感を満たそうとする欲求が隠されているのです。つまり悪口や陰口で、他人の欠点をあげつらい、自分はそうじゃないというところを巧妙にアピールして、自分を相対的に上に見せようとする行為なのです。

人間は、意識するしないにかかわらず、常にどこかで自分が優位に立ちたいがための発言を、一日に何度も繰り返し、「自分がほかの誰より上」だと自分の中で確認する傾向があるのです。

優越感充足の欲求は、悪口や陰口だけではありません。

例えば、セミナーなどで質問する場合に、前置きとして自分の知識を長々と一通り述べた後で質問する人をよく見かけます。これも優越感充足の欲求から来るものです。

優越感充足欲求は、消費にも現れる

高級ブランド品を買うのも、優越感を充足しようとする行動のひとつと言えるかもしれません。

高級ブランド品を身につけて、他人に見せびらかしたいから買うという場合は、明らかに優越感充足のための行動と言えます。

優越感と消費の関係を説いたのが、ソースティン・ヴェブレンというアメリカの経済学者です。

ヴェブレン氏は、著書『有閑階級の理論』のなかで、商品やサービス本来の用途とは別に、他人に見せびらかしたり、自分の地位を誇示したりするために行う消費を、「衒示(げんじ)的消費」と名づけました。

衒示の「衒」とは、「衒(てら)う」、つまり「ひけらかす」という意味です。

そして、衒示とはひけらかすように見せる、つまり「見せびらかす」という意味です。

衒示的消費は、もともと中世の上流階級の人が、「自分たちは労働者階級ではないんだ。あんたたちとは身分が違うんだから」と見せつけるために行ったものです。

例えば、絵画などでよく見かけるスカートの腰のあたりがキューっと細く絞られ、その下がふわぁーっと広がったスタイルのドレスを着ることも衒示的消費の一つです。

そんな服を着ていてはとても労働できない、だから私は労働者階級じゃないのよ、ということを誇示する洋服をあえて選んだのです。

衒示的消費は、現代にもあります。例えば、ベンツなどの高級車を買う、ロレックスなどの高級時計を買うなど。こうしたステータスシンボルの消費は、優越感を得たいという思いが根底にある場合が少なくないのです。

優越感充足欲求が強い人は、自分がとった行動を通して、「優越感欲求」が

満たされないと、怒りを感じたり、イライラしたりするという特徴があります。

あるいは、自分は認められてないと感じて落ち込んだりもします。そうすると怒りやイライラ、落ち込みなどの悪い波動がその人から発せられることになります。また自分が優越感を感じた場合も、本人は良いかもしれませんが、相手の心には必ず嫌な感情が発生します。

それに、優越感の追求は、潜在意識のメカニズムから考えても、決して好ましいことではありません。というのは、潜在意識に入っていく言葉には「主語がない」からです。つまり、「あいつってバカだな」と言うと、「自分はバカだ」と入ります。「課長は能無し」というと「私は能無し」と入るのです。そうすると、悪いものを引き寄せてしまうことになります。

別に人と比較する必要はまったくありません。そうしても意味がないばかりでなく、悪いものを引き寄せることになるのです。その人が一個人として、人間として充実していればそれで良いはずです。

引き寄せの実践にあたっては、優越感を充足しようとする欲求や言動は一切捨て去って、自分を高めることだけに意識を向けましょう。そのほうがはるかに生産的ですし、良い引き寄せにつながるからです。

5-6 求めすぎるな！

「足るを知る」という言葉があるように何事もほどほどの方がうまくいくものです。

もちろん、「求める」ということ自体は、決して悪いことではありません。

しかし、**過度に求めていると、軋轢(あつれき)が生まれる**ことも少なくありません。

例えば、Aさんという能力が劣る部下がいて、この人に、能力以上の仕事を頼んだ場合。

Aさんの能力では、その仕事の一〇分の三しかできないとしたら、それを一〇やりなさいって言っても、それははじめから無理なわけです。

一生懸命がんばったけれども、やっぱりAさんが結果的に要求どおりの仕事ができなかったら、どうなるでしょう？

「やれって言ったのに、なんでできないんだ？」って怒りがわいてきたり、イライラしたりするでしょう。

だから、求めすぎるとマイナスの感情が生まれやすいのです。当然、言われたほうにもマイナスの感情が生まれるでしょう。

でも、「体重六五キロを四八キロにしたい」なんていうのは、求めすぎていることにはならないので、安心してください。**いけないのは、特に他に対して求め過ぎること**です。現実とのギャップが生まれるからです。ギャップが生まれると、怒りとかイライラなどのマイナスの感情が生まれやすくなります。

だから、「いまはこれくらいやってくれれば、ありがたい。少しずつ、ステップバイステップで伸びてもらおう」と思っているほうが、かえってポジティブな思いや言動を維持できるのです。

それから、**他人に何かしてあげるときにも、見返りは求めないことです。相**

手は、自分が思っているほど感謝しないものだと承知しておくのがちょうどよいのです。

感謝を求めてしまうと、相手からそれが返ってこないと、逆にこちらが悪い感情を抱くことになります。これは、引き寄せの法則から考えてもまったく得策ではありません。反対に、ほとんど期待していないときに相手から感謝されたら、喜びが倍増するはずです。ただしこれもオマケのようなものと捉えた方が良いかもしれませんが……。

いずれにしても、報恩よりも、尽くすことそれ自体に喜びを感じることが大事です。つまり、求めるよりも与えることを習慣化するのです。

「求めない」と、ご機嫌力や爽やか力がアップする

無償の愛とまでは言いませんが、見返りを求めず、与えることができれば、

そのほうが気持ち良く過ごせますし、ご機嫌力や爽やか力もアップします。

前出の船井幸雄氏によれば、与えているとその大体三倍以上のものが返ってくるそうです。何かをしてあげた相手本人から直接返ってくることはあまりないようなのですが、回りまわって三倍以上のものが必ず返ってくるというわけです。結局、**求めるより、与えることの方が、はるかに良いものを引き寄せるコツ**だということです。

ところで、詩人の加島祥造氏は、『求めない』(小学館)という詩集で、求めないことの効用をたくさん書いています。

求めない――すると、体ばかりか心もゆったりしてくる
求めない――すると、楽な呼吸になるよ
求めない――すると、失望しない
求めない――すると、心が澄んでくる

なるほど、シンプルながら、含蓄のある言葉ですね。**求めないことが、敗北主義につながると問題ですが、「足るを知る」という観点からは、ポジティブな考え方**だと言えそうです。

あなたは、部下や上司、彼氏（彼女）、旦那様（奥様）やお子さんたちに求めすぎてはいませんか？

周囲の人の長所にしっかり眼を向けていますか？

感謝の気持ちを出し惜しみしていませんか？

報恩を求めていませんか？

5-7 報恩を期待するな！

報恩を求める心も、「引き寄せ」を邪魔する敵の一つです。

報恩というのは、「してあげた」というマイナスの意識とつながっています。

だから、「俺はこれだけしてあげた、しかし相手はそれに応えてない」と言う場合、怒りやイライラがわいてくるという、最悪のパターンになるわけです。

他人に何かをしてあげる場合、その奉仕の行為自体に喜びや幸せを感じることが大事であって、もともと何か見返りを求めてやるのは、間違いです。

お金を貸すときは、あげたと思え

お金を貸すという行為も、同様です。

だいたい、人間というものは、してあげたことはよく覚えているけど、してもらった方はそうでもないもの。同じく、お金を貸したほうはよく覚えているけど、借りたほうはあんまり覚えてない。人間なんて、そんなものなのです。

例えば、**お金を貸してあげたとします。もらった側は、そのとき嬉しいなとは思ってはいるけど、それほど長くは覚えてないもの**です。

筆者もいろいろ経験ありますが、学生時代、困っている友人に「返すのはいつでもいいよ」と言って、二万円ほどお金を貸したことがあります。相手もそのときは、「ああ、ありがとう。すごく助かるよ」とは言っていましたが、それから三ヶ月後、偶然合ったとき、「バイトでさ、二〇万円入ってうれしい」なんて言って喜んでいたから、返してくれるのかなと思ったら、結局、返済という話にはまったくなりませんでした。つまり、お金を借りたこと自体すっかり忘れていたわけです。

まあ、筆者もそのお金はもともとあげたつもりだったし、金額も小さく「いつでもいい」って言っていたわけですから、しょうがないなと納得はしたのですが、それもある意味人間の現実の姿なのだということを実感させられました。そして、その後しばらくは、その友人のことが少し嫌いになりました(笑)。

だから、してあげたことは、忘れたほうがいい。相手に何かしてあげること自体に喜びを感じるという気持ちだけで良いのです。

そして、「もしこれをしてあげたら、自分は相手に対して恩着せがましい気持ちになるな」と思ったりしたら、それはしないほうが良いのです。つまり、してあげることに対して意義を感じる範囲で、やってくださいということなのです。

何か相手に対して尽すときは、その行為自体が尊いのですから、その行為自体が良い引き寄せをもたらすのです。**その行為自体が、利他的な生き方であり、崇高で素晴らしいことなのですから、相手には関係なく、そのこと自体で、あなたの心の中にプラスの波動やイメージが入っていく**わけです。それで十分でしょう。

繰り返しますが、相手からの見返り（報恩）は期待しないようにしましょう。

全然期待していないでいると、たまに恩を覚えている人がいて、「あのときはありがとうございました」などと言って深く感謝してくれたりしたら、喜びも倍増することになるでしょう。

反対に、期待して裏切られると、その悔しさから、むしろマイナスの「引き寄せ」スパイラルに陥ってしまうのです。

5-8 実現の具体的プロセスや期限には、こだわるな！

物事には流れというものがあります。

もちろん、**望んだことをイメージ化して、潜在意識に入れれば、その実現に向けて動き出す**ことになります。

ただし、「今日にでも、一億円入るように」と願い、いかにリアルにイメージ化したとしても、特段の当てがない限り、今日・明日にそれが実現する可能性はきわめて低いでしょう。

もちろん、潜在意識はそのような意識側からの要請を直ちに受けて動き出しますが、そこにそれ相応の時間やプロセスが必要であることもまた事実です。

引き寄せの法則では、心における明確な役割分担があります。意識側は、願いを潜在意識に伝える役割を、そして潜在意識側は時期やプロセスを含めてその願いを実現する役割を担当しているのです。

ですから、**期限をつけて願うという行為は、意識側の越権行為となる**のです。潜在意識によるせっかくのひたむきな引き寄せの努力を意識側が不当に干渉すれば、潜在意識側に混乱が生まれ、引き寄せのプロセスに狂いが生じやすくなるのです。

大切なことは、潜在意識に任せ、信じ、期待して待つということです。思いがけないかたちで、最適な時期に、望んだことが実現する……と、ワクワクする気持ちで待ちましょう。

ただし、比較的短期間において達成できることがほぼ確信できるような目標については、期限を明確にしてそれに向って計画を立て、努力することは非常に有効と考えられます。

5-9 低次元の本音では決断するな！

人生において、あるいはビジネス上でも、時に重大な決断を迫られることがあります。特にそれによって、その後の人生やビジネスが大きく変わるという重大な岐路に立ったときには、何を基準に決断すべきか迷うことも少なくありません。

しかし、引き寄せの法則にもとづけば、簡単に正しい決断ができるのです。**引き寄せの法則では、潜在意識の特徴からして、「本音」で決断せよ、**ということになります。

どんな場合でも、世間体や体裁にとらわれたり、「建前」で決断してはなりません。そうすると、後で後悔する事態を招くからです。

ただし、「本音」といっても、二通りあることをご存知でしょうか。一つは

低次元の本音で、もう一つが**高次元の本音**です。

低次元の本音VS高次元の本音

低次元の本音とは、怠けたいとか、人を騙してでも儲けたいとか、自分(自社)さえ良ければ他人にどんな迷惑をかけてもかまわない、といった考え方です。
高次元の本音とは、自分(自社)を正しく成長させたいとか、世のため人のために尽くしたいといった考え方です。

考えてみれば、どちらも本音に違いはありませんが、私たちは、この二つの本音の葛藤の中で生きていると言っても過言ではないでしょう。

低次元の本音にもとづいて決断すると、一時的には望むような結果が得られたように思えても、長い目で見ると、結局、辛く苦しい境遇に追い込まれるものです。

引き寄せの法則では、人間の心や思いのレベルにふさわしい現実（物、事、人、環境、境遇等）を引き寄せるからです。

例えば、仕事が大変だからという低次元の本音だけで、常に怠ける決断をしていると、どうなるでしょう。やがて周囲に怠惰な人間、任せられない人間としてのレッテルを貼られ、年齢を重ねても出世できないだけではなく、ついにはリストラの対象となり、退職に追い込まれ、惨めな境遇に陥る可能性が高いのです。

自分（自社）さえ良ければ他人はどうなってもかまわないという決断を続けていると、どうなるでしょう。やがて企業不祥事を起こし、社会的信用を失って、最悪の場合、倒産や廃業、あるいは刑事訴追を受けるという憂き目を見ることになります。

一方、高次元の本音で決断したことは、衆智や周りの支援を集めやすく、すばらしい結果につながりやすいのです。

次に高次元の本音による決断のすばらしさを示すエピソードを紹介しましょう。

動機善なりや、私心なかりしか

コピー機や電子部品などで有名な京セラの創業者、稲盛和夫氏が、一九八四(昭和五九)年にDDIの設立に踏み切る前のことです。

稲盛氏は自分自身、「アメリカのように安い料金で電話が使えるようにしたい」と公言してはいるが、自分が正直に心の中からそう思っているのか、なかなか確信が持てないでいました。

低次元の本音(不純な動機や私心)にとらわれた経営が結局はうまく行かないことを熟知していた稲盛氏は、毎晩、苦しみながら、何度も何度も**「動機善なりや、私心なかりしか」**と自分の胸に問いかけては、自らの意志の真偽を確かめたそうです。言い換えれば、自らの新事業進出への思いが「高次元の本音」に由来するものかどうかを確かめていたのです。

自分が行おうとしていることは、自社のエゴではないのか、本当に社会に貢献しようという「善なる思い」に動機付けられたものなのか、私利私欲に基づいたものではないのか。あるいは、世間からよく見られたいというスタンドプレーではないか、と。

稲盛氏は、その動機に一点の曇りも許さなかったのです。それで、毎晩、胸に手を当てて、「**動機善なりや、私心なかりしか**」と自問自答を繰り返しました。その期間は、なんと半年間にも及んだそうです。

高次元の本音にもとづく決断が大事業を成功させる

そしてようやく、自分の心の中に少しも邪(よこしま)なものがないのを確認して、ＤＤＩの設立に踏み切ったのです。

当時はＮＴＴの独占状態で、新しくできた新会社は「巨象に挑むアリ」のようなものだったといいます。しかし、稲盛氏の英断にもとづくＤＤＩの創設により、ＮＴＴの独占状態は打破され、これを期に業界の大変革が起きました。

その後、新会社が次々にでき、各社間の競争によって、日本の電話代は当時に比べて格段に安くなりましたし、もちろんサービスも大幅に向上しました。

こうして、稲盛氏の私心なき決断から生まれたＤＤＩは、今ではＫＤＤＩ（ａｕ）として開花し、モバイルの世界でも、多くの国民に多大な恩恵をもたらしているのです。

「思いの次元」の大切さ

ところで、人生において、あるいはビジネス上でも、重大な決断に際しては、低次元の本音、高次元の本音とは別にもう一つの判断基準も必要になってきます。

それは「思いの次元」に関することです。

思いの次元とは、決断に際して、ポジティブな思いが生じるか、ネガティブな思いが生じるかということです。

ポジティブな思いとは、楽しい、得意、明るくなる、といった思いです。また、ネガティブな思いとは、苦しい、苦手、暗くなる、といった思いです。

いかに高次元の本音にもとづいて決断しても、ネガティブな思いが常に付きまとうようではやはりうまくいかないでしょう。最良の決断とは、高次元の本音にもとづき、なおかつポジティブな思いが湧き上がってくるものなのです。

そこで、そのことを視覚的に理解していただくために、次ページにマトリックスを提示しておきましょう。

マトリックスを見ればわかるように、引き寄せの法則に従えば、第一象限（図中右上)での決断をすることが最良ということになります。高次元の本音であり、なおかつポジティブな思いを伴うものだからです。

前出の稲盛氏の決断も、第一象限(図中右上)にもとづくものであったといえるでしょう。

第二象限(図中左上)でも、一応良い決断といえますが、苦しく、苦手で、暗くなる、ようでは長続きしない可能性が高くなるでしょう。

第三象限(図中左下)での決断とは、例えば、アル中患者がお酒に手を出す

—思いの次元のマトリックス—

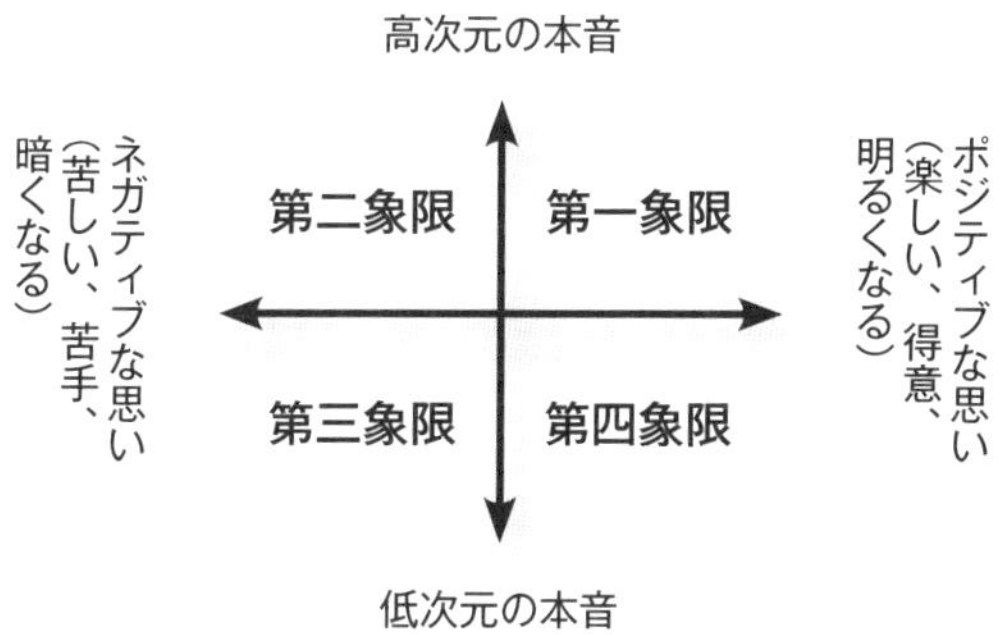

ような決断です。低次元の本音に翻弄され、体調を崩しいっそう苦しくなり、さらに惨めな境遇を引き寄せるという結果をもたらすことでしょう。

第四象限（図中右下）の決断とは、例えば仕事を怠けてパチンコに興じるような決断です。そのときは楽しいかもしれませんが、長期的に見ると、やはり惨めな境遇を引き寄せてしまうことでしょう。

ですから、皆さんがこれから何かを決断すべき状況になったら、このマトリックスを思い出し、**間違っても第三や第四の象限による決断は避け、極力、第一象限での決断を下すようにしてください。**

そうするほうが、長い目で見ると、必ず良かったと思えるはずです。

5-10 あらゆる出来事は、必然、必要、ベストと受けとめ、落胆するな！

引き寄せの法則とは、心の状態に応じた現実（物、事、人、環境、境遇等）を引き寄せるという法則です。

良い心は良い現実を、悪い心は悪い現実を引き寄せることになります。ただし、引き寄せられた現実の良し悪しは、その時点では判断できないことも多いので、注意が必要です。

例えば、財布を落としたりすると、どうでしょうか。

一般的には悪いことが起こったと受けとめるでしょう。

しかし、その財布を拾ってくれた人が正直に申し出てくれ、面会すると、とても素敵な異性だと分かり、好きになって、交際が始まったとしたら、どうでしょう。

その財布を落としたことは、本当に悪い出来事だったと言えるでしょうか。

むしろ、そのことがなければ決して出会うことがなかった人との交際が始まったのであれば、財布を落としたことも良いことだと思えるかもしれません。

しかし、その後、その交際相手が浮気をして、あなたは捨てられたとしたら、どうでしょう。

やっぱり、財布を落としたことがいけなかったのだとさかのぼって悔やむことにもなりかねないでしょう。このように、同じ財布を落とすという出来事でも、その後の展開次第では異なる解釈が生まれてくるものなのです。

まさに、「**禍福はあざなえる縄の如し**」。

私たちは日ごろの思いによって、絶えず、さまざまな現実を引き寄せています。

悪い思いは悪い現実を、良い思いは良い現実を引き寄せているわけです。

しかし、万一、悪い現実と思える事態を引き寄せたからと言って、落胆したりヤケになったりしてはいけません。むしろその現実を、「必然、必要、ベスト」だと前向きに受けとめるべきです。

そう受けとめることによって、あなたの魂の成長が促されるからです。

悪いことも「必然、必要、ベスト」？

この世に起きることとは自分が原因を作って、その結果を自分が刈り取るものです。良い原因を作れば良い結果を刈り取るし、悪い原因を作れば悪い結果を刈り取るのです。

しかし、**悪い結果というのは本質的に「悪」かというと、必ずしもそうではありません。**

悪い結果を引き寄せることによって自分に対する反省や、そこに内在する問題点というものへの気づきが生まれるなら、魂の成長という視点からはそれも良いことだということになります。

悪いと思える出来事も、自然の法則の一種である「引き寄せの法則」の結果ですから、「必然」です。

しかし、それをその原因となった思いの誤りに気づかせ、その人の成長を促す教訓的な現象だと捉えれば、「必要」なことだとわかるでしょう。

そして、その出来事は、良いことでも悪いことでも、それまでのその人の思いのレベルとぴったりと符合しているという点において「ベスト」と考えられるのです。

思いの正しさの度合い、思いの誤りの度合いに応じて、それに見合った「良いこと」や「悪いこと」が引き寄せられるからです。

繰り返しますが、**悪いことが起こっても、それをマイナスに受けとめて、ひどく落胆したり、自暴自棄になったりしてはいけません。**前出の船井総研の船井幸雄会長も、多くの著書で、自分の周りに起こってくることは、すべて必然、必要、ベストなことだから、前向きに受け止め感謝することを勧めています。

これまで述べてきたように、引き寄せの法則の基本は、人の注意を向けたもの、思いのレベルに応じたものを引き寄せるということです。

ですから、感謝すること、人の長所を見ること、褒めることなどが大切なのです。

感謝することは、自分に生じている良い面に注意を向けることです。人の長所を見たり褒めたりすることは、他人の良い面に注意を向けるということです。そうすることで、良い面が伸ばされ、活用できるようになるのです。

それだけではありません。そのような習慣は、思いのレベルを上げることにもつながり、ますます素晴らしいものを引き寄せる力をアップしてくれるのです。

ですから、これから自分の身に起こることは、すべて、必然、必要、ベストだと、前向きに捉えて善処し、より良い思いを生み出して、すばらしい現実を引き寄せていこうではありませんか！

参考文献

・『眠りながら巨富を得る―あなたをどんどん豊かにする「お金と心の法則」』 ジョセフ・マーフィー著　大島淳一訳　1973年
・『船井幸雄の人間の研究―人生のコツ・経営のコツとは何か』 船井幸雄著　PHP研究所　1990年
・『船井幸雄の人生道場』 船井幸雄・中島孝志著　ダイヤモンド社　1994年
・『思考は現実化する』 ナポレオン・ヒル著　田中孝顕訳　騎虎書房　1994年
・『成功の法則』 江口克彦著　PHP研究所　1996年
・『稲盛和夫語録』ソニーマガジンズビジネスブック編集部編　ソニーマガジンズ　1997年
・『変な人の書いた成功法則』 斉藤一人著　総合法令出版　1997年
・『有閑階級の理論―制度の進化に関する経済学的研究』 ソースティン・ヴェブレン著　高哲男訳　筑摩書房　1998年
・『道は開ける』 デール・カーネギー著　香山晶訳　創元社　1999年
・『水は答えを知っている』 江本勝著　サンマーク出版　2001年
・『世界がもし100人の村だったら』 池田香代子著　C・ダグラス・ラミス対訳　マガジンハウス　2001年
・『原因と結果の法則』 ジェームズ・アレン著　サンマーク出版　2003年
・『As a Man Thinketh』 James Allen　Shadow Mountain　2002年
・『ザ・シークレット』 ロンダ・バーン著　山川紘矢、他訳　角川書店　2008年
・『暗黙知の次元』 マイケル・ポランニー著　高橋勇夫訳　筑摩書房　2003年
・『「なぜか運がいい人」の9つの法則』 植西總著　ダイヤモンド社　2003年
・『生き方』 稲盛和夫著　サンマーク出版　2004年
・『ダイアー博士のスピリチュアル・ライフ―“運命を操る力”を手にする「7つの特別プログラム」』 ウエイン・W・ダイアー著　渡部昇一訳　三笠書房　2005年
・『中村天風 心を鍛える言葉』 岬龍一郎著　PHP研究所　2005年
・『人は見た目が9割』 竹内一郎著　新潮社　2005年
・『人生を変える！「心のブレーキ」の外し方』 石井裕之著　フォレスト出版　2006年
・『求めない』 加島祥造著　小学館　2007年
・『運命が変わる　未来を変える』 五日市剛、矢山利彦著　ビジネス社　2007年
・『宇宙を味方にしてお金に愛される法則』 ボブ・プロクター著　岩元貴久監訳　きこ書房刊　2007年

本書は、『夢をかなえる「引き寄せの法則」バイブル』
（2008年5月／秀和システム刊）を改題・再編集し、文庫化したものです。

宮﨑 哲也（みやざき てつや）

福岡大学大学院商学研究科博士課程修了。福岡大学講師、九州情報大学大学院教授を経て、大阪国際大学教授に就任。大学では、「マーケティング」「グローバルビジネス」などの講義を担当。また講義や研究の傍ら、経済、経営、自己啓発関係の執筆および講演活動等を行っている。著書は『はじめての「マーケティング」1年生』（明日香出版社）、『引き寄せ力がぐ～んとアップする魔法の言葉』（TAC出版）『コトラーのマーケティング理論が面白いほどわかる本』（中経出版）、『新しい大衆「ロウアーミドル」はこうしてつかめ！格差時代を生き抜くマーケティング』（PHP）ほか多数。

公式ウェブサイト：http://tezya.sakura.ne.jp/

マイナビ文庫

夢をかなえる「引き寄せの法則」

2018年2月28日　初版第1刷発行

著　者　　宮崎哲也
発行者　　滝口直樹
発行所　　株式会社マイナビ出版
〒101-0003 東京都千代田区一ツ橋2-6-3 一ツ橋ビル2F
TEL 0480-38-6872（注文専用ダイヤル）
TEL 03-3556-2731（販売）／TEL 03-3556-2736（編集）
E-mail pc-books@mynavi.jp
URL http://book.mynavi.jp

カバーデザイン　米谷テツヤ（PASS）
印刷・製本　　図書印刷株式会社

ISBN978-4-8399-6531-0
Printed in Japan

MYNAVI BUNKO

幸せ！って感じる自分になれる
「ありがとう」の魔法

野坂礼子 著

幸運を手に入れて、人生が変わった人が続出！
あなたに日々「あ〜、幸せ〜」って感じる自分になれる魔法をお伝えします。
「ありがとう」を心の中で唱えるだけという、とても簡単な方法です。
「ありがとう」を唱えると、いいことにたくさん出会えます！

定価　本体740円＋税